AF357488

MANUEL DU FABRICANT DE VERNIS

BIBLIOTHÈQUE DES ACTUALITÉS INDUSTRIELLES, N° 87

MANUEL

DU

FABRICANT DE VERNIS

GOMMES — RÉSINES — TÉRÉBENTHINES
VERNIS GRAS A L'ESSENCE, A L'ALCOOL

PAR

CH. COFFIGNIER
Ingénieur Chimiste
Directeur de l'Usine des Vernis
à la Société anonyme de Produits Chimiques de Saint-Denis

PARIS

Librairie Bernard **TIGNOL**

PUBLICATIONS DE LA
LIBRAIRIE DE L'ÉCOLE CENTRALE DES ARTS & MANUFACTURES
53 *bis*, Quai des Grands-Augustins, 53 *bis*

INTRODUCTION

Le nombre des ouvrages publiés sur les vernis est assez grand pour qu'il paraisse téméraire d'en ajouter un nouveau. Pourtant, si le lecteur veut bien nous suivre, il reconnaîtra avec nous qu'il était possible de tenter d'écrire un volume résumant l'état actuel d'une industrie dont le véritable développement a commencé il y a à peine 50 ans.

Les ouvrages qui traitent de la question peuvent être rangés dans trois époques bien nettes :

1° Tous les ouvrages anciens, dont les plus importants sont les traités de Tingry et de Tripier-Devaux ; ces livres sont remarquablement faits ; mais comme ils ont paru à une époque où l'industrie des vernis n'existait pas, ils ne peuvent, ni de près, ni de loin, en donner la description. Mais on y trouve quantité d'observations précieuses, faites par des personnes qui se sont occupées de tout près de la fabrication des vernis.

2° L'ouvrage de Violette, qui appartient à une époque transitoire ; et le grand honneur de Violette, c'est d'avoir écrit un livre qui est une œuvre personnelle où l'auteur développe d'une façon méthodique et scientifique les remarquables travaux qui ont occupé une partie de son existence.

3° Les ouvrages modernes, peu nombreux, écrits par des chimistes de grande valeur, mais qui se sont toujours trouvés en dehors de l'industrie des vernis et l'ont présentée, malgré eux, sous un jour particulier.

On conviendra avec nous que la question de la solubilité des gommes est de celles qui jouent un rôle prépondérant dans l'industrie des vernis. Eh bien ! prenons par exemple la sandaraque ; on peut lire dans un livre récent. « La sandaraque est soluble dans l'éther ; elle est incomplètement soluble dans l'essence de térébenthine » et dans un autre. « La sandaraque est peu soluble dans l'éther, soluble dans l'essence de térébenthine. »

Le lecteur doit demeurer perplexe, et si l'expérience peut le renseigner, il est en droit néanmoins d'exiger, pour une question aussi simple, moins de discordance.

Parmi les formules des vernis à l'essence, nous montrerons que certaines constituent de véritables non-sens et qu'elles sont reproduites par le plus grand nombre des auteurs modernes qui les ont empruntées aux auteurs anciens.

D'un autre côté, si on trouve quantité de formules pour des vernis qui ne sont jamais employés, les vernis les plus courants ne sont même pas signalés.

Nous avons essayé de combler ces lacunes en ne signalant que des faits dont nous avons reconnu expérimentalement l'exactitude et en laissant aux auteurs la responsabilité d'opinions ou de faits ne nous paraissant pas exacts.

Nous avons divisé notre travail en 3 parties :

1° Industrie des vernis gras.

2° Industrie des vernis à l'essence.

3° Industrie des vernis à l'alcool.

A cette troisième partie, nous avons rattaché les vernis mixtes.

Cette classification, bien que très combattue, donne pourtant 3 classes de vernis bien différents, et nous ajouterons, d'industries presque différentes.

Si le lecteur trouve parfois que certains chapitres se terminent brusquement ou manquent de détails, il nous excusera en pensant que nous sommes dans l'industrie des vernis et que notre plume a souvent dû s'arrêter avant notre pensée.

Ch. Coffignier.

L'INDUSTRIE DES VERNIS

GÉNÉRALITÉS

D'une façon générale, la dissolution des gommes-résines et des résines dans des liquides appropriés constitue toute une série de produits connus sous le nom de *vernis*. L'industrie appelle *gommes* aussi bien les gommes-résines et les oléo-résines que les résines; nous conserverons partout cette expression inexacte, ayant défini tout d'abord son sens exact.

Les gommes fournies par la nature sont très diverses, et comme il existe aussi un nombre considérable de dissolvants de ces gommes, il en résulte une variété très grande dans la nature des vernis que l'on peut obtenir. Néanmoins on peut réunir tous les vernis dans les 3 classes suivantes :

1º Vernis à l'alcool.
2º   »   » l'essence de térébenthine.
3º   »   gras.

L'industrie des vernis à l'alcool est relativement

peu complexe, et bien que certaines fabriques de vernis gras produisent aussi des vernis à l'alcool, il n'est pas rare de rencontrer des usines ne fabriquant que des vernis à l'alcool. Ajoutons pourtant, qu'à côté des vernis à l'alcool se placent quantité d'autres vernis préparés d'une façon analogue en substituant l'acétone, l'éther, le chloroforme, etc, à l'alcool éthylique.

La caractère distinctif des vernis gras est la présence d'huiles végétales fixes, le plus souvent d'huile de lin. Cette introduction donne au profit final de précieuses propriétés au point de vue de la solidité.

On a beaucoup critiqué la classification que nous venons de donner, mais on n'a rien proposé de meilleur.

D'ailleurs, cette classification a l'immense avantage de donner 3 genres de vernis ayant des propriétés très nettement différentes et préparés par des procédés de fabrication également différents.

De plus, elle répond presque à une classification industrielle de l'industrie des vernis.

Les vernis à l'essence de térébenthine occupent dans l'industrie une place relativement peu importante ; les vernis à l'alcool se consomment en très grande quantité, il est vrai, mais il est bien certain que les vernis gras prennent la place prépondérante.

Le lecteur ne sera donc pas étonné en constatant l'importance beaucoup plus grande que nous avons donnée à la partie de ce volume qui a trait aux vernis gras.

HISTORIQUE

C'est Pline qui, le premier, parle d'une façon précise du vernis à propos d'un produit employé par le peintre Apelle, environ 350 ans avant J. C. et dont seul, Apelle connaissait la composition. Cette date est intéressante à retenir si l'on songe combien l'*industrie* des vernis est moderne.

Les Japonais, dont la réputation est universelle pour l'industrie de la laque, ont pratiqué le vernissage depuis fort longtemps; mais on peut dire, d'après les documents historiques, que c'est vers l'époque d'Apelle qu'apparaît l'industrie de la laque au Japon. En effet, à cette époque, existait un certain Mitsuneno-Sukune ayant l'emploi de « Chef du département impérial des laques ». Nous aurons occasion de voir plus loin comment s'est développée cette industrie des laques au Japon.

Il y a 100 ans, tous ceux qui employaient des vernis les fabriquaient eux-mêmes, selon les besoins de leur industrie, ce qui fait que tous les procédés connus se trouvaient en un grand nombre de mains, bien que chacun conservât aussi secret que possible ses façons d'opérer. C'est ce qui explique à la fois et les perfections auxquelles arrivaient les artisans (qui avaient à reproduire *toujours* le *même* vernis) et l'absence totale *d'industrie*.

On en a un exemple frappant dans la fabrication

des vernis pour luthiers. On sait combien sont encore appréciés de nos jours les vernis des luthiers italiens, on sait également qu'on rencontre souvent des violons ayant plus de deux cents ans d'existence et dont le vernis est dans un parfait état de conservation. Il est donc certain que les maîtres de Crémone avaient acquis une habileté très grande dans l'art de fabriquer des vernis spéciaux ayant toutes les qualités de souplesse, de brillant et de durabilité qu'on cherche à obtenir des vernis pour instruments à cordes. Il ne faut pas oublier que la qualité du vernis joue un rôle considérable dans le cas qui nous occupe et qu'un vernis manquant de souplesse, appliqué sur un très bon instrument, lui fera perdre une partie de sa sonorité et de la qualité de celle-ci.

Les peintres en voitures se sont d'abord trouvés dans le cas des luthiers : pendant longtemps ils ont fabriqué eux-mêmes les vernis qu'ils employaient. Une modification profonde s'est produite le jour où l'on a interdit à Paris cette fabrication aux peintres : à ce moment, l'Angleterre, qui commençait déjà à produire industriellement des vernis, a trouvé alors un écoulement relativement considérable. Le peintre, débarrassé d'une manipulation dangereuse et capricieuse, a perdu peu à peu un art dont il ne connaissait que l'embryon et l'industrie véritable des vernis a pu s'établir en France.

C'est surtout cette avance considérable des Anglais (1) qui leur a permis d'asseoir une réputation

(1) Première fabrique anglaise 1790 ; en France entre 1820 et 1830 ; en Autriche en 1843 (Livache).

extraordinaire, dont l'effet se fait à l'heure actuelle de moins en moins sentir, c'est certain, mais qu'il serait inutile de nier.

L'introduction de l'usage du vernis dans la peinture en bâtiments a également été la cause d'une augmentation rapide de la fabrication des vernis, et l'a portée à son maximum.

En Europe, l'industrie des vernis, industrie ne ressemblant en rien à celle de la laque, a pris naissance au siècle dernier. La production a été faible d'abord, mais elle n'a pas tardé à augmenter dans une proportion considérable. C'est en Angleterre, nous l'avons dit, que cette industrie a pris naissance et cette nation occupe le premier rang au point de vue de la production. On aura une idée de l'importance de cette industrie quand on saura que l'Angleterre consomme annuellement plus de 3.000.000 de kilogrammes de gommes.

Les premiers brevets pris sur la matière furent on ne peut plus étranges (on pourrait d'ailleurs en dire autant de bien des brevets modernes). Voici un des premiers (juin 1763) (1) : « Composition et vernis, entièrement nouveaux, faits avec des huile et divers ingrédients » par Benjamin Keene et Carl Friedrich : « huile de pavot, 4 litres 54 ; huiles de noix 2 litres 27; huile de baume 1 litre 13 ; huile de pieds de bœuf, 28 centilitres ; huiles de lin 2 litres 27 ; essence de térébenthine 3 litres 40; gomme mastic, 908 grammes, copal, 455 grammes ; gomme de sandaraque, 681

____

(1) A flew notes on Varnisch and fossil resins, by Ingham Clark.

grammes; gomme d'élémi, 65 grammes ; gomme de taccamahe, 113 grammes ; gomme de gaïac, 113 grammes; veziga, 224 grammes ; ambre, 283 grammes; Bitume de Judée, 113 grammes ; résine 226 grammes ; encens, 113 grammes ; weak, 226 grammes ; farine de seigle, 113 grammes ; safran, 28 grammes.

« Le tout mélangé et mis en ébullition ensemble jusqu'à la consistance voulue ».

On remarquera qu'un certain nombre des substances indiquées sont maintenant inconnues.

Peu à peu les procédés se sont modifiés, et bien que maintenant encore les bons procédés pour chaque variété de vernis soient généralement gardés secrets, on peut dire que la science a aidé de ses lumières au développement de cette industrie à laquelle pourtant elle peut encore largement venir en aide. Si l'histoire chimique des huiles végétales est assez sérieusement établie, celle des gommes ne l'est pas du tout, et c'est de ce côté que les savants et les chimistes doivent porter tous leurs efforts. On donne au mot *vernis* deux ethymologies latines : *vitrum* (verre) et *vernus ros* (rosée printanière).

Le mot anglais correspondant est *varnish* et le mot allemand *firnitz*. Pourtant, en Allemagne, les vernis sont généralement désignés sous le nom de *lake*.

Laque de Chine. — Les renseignements sur le vernis chinois ont été fournis par le P. d'Incarville (1). Ce vernis est le produit naturel d'un arbre que les

1) Mémoire sur le vernis de la Chine. Académie des sciences, 1760.

Chinois appellent *Tsichou*. On recueille le liquide qui
s'écoule d'incisions faites dans l'arbre trois fois par
an. Les coquilles placées sur l'arbre sont vidées dans
un seau en bambou que les Chinois portent pendu à
leur ceinture et le contenu des seaux est recueilli
dans des barils recouverts d'un papier au chanvre
dit *Moteou-tchi*. Les vapeurs qui se dégagent des barils
quand on les ouvre donnent des clous très doulou_
reux, *les clous de vernis*. Les vernis des différentes
contrées n'ont pas la même valeur. On les sépare de
la partie aqueuse, qu'ils contiennent toujours, par simple exposition au soleil, dans des vastes plats où on
les remue continuellement pendant deux ou trois
heures. On donne du corps à ce vernis en y incorporant 38 à 46 grammes de fiel de porc par kilog de
vernis : « Après avoir remué pendant un quart
d'heure le fiel de porc avec le vernis, on ajoute
15 grammes de vitriol romain par 500 grammes de
vernis ;... on se sert quelquefois de thé ; on continue
à remuer le vernis, jusqu'à ce que, comme je l'ai
déjà dit, les bulles qui se forment dessus prennent
une couleur violette ; ce vernis, ainsi préparé, se
nomme en Chine, *Kouang-tsi*, ou vernis brillant » (1).

Les Chinois ont imité le vernis noir des Japonais
en incorporant dans leurs vernis des noirs divers et
de l'huile de thé rendue siccative en la faisant bouillir avec moitié arsenic gris et moitié arsenic rouge.

Pour ce qui est du travail d'application des vernis
chinois, on lira avec intérêt le mémoire du Père
d'Incarville déjà cité. Ce sont des développements

(1) Mémoire du P. d'Incarville.

étrangers à notre sujet. Mais nous devons en retenir les soins particuliers que prennent les Chinois pour éviter la *poussière* pendant l'application : fermeture hermétique de l'atelier, habillement très succinct de l'ouvrier pour qu'il n'apporte pas sur ses vêtements les poussières extérieures, soins particuliers dans le nettoyage des brosses. Le beau brillant est obtenu en appliquant plusieurs couches, chacune étant d'une épaisseur très faible et bien sèche et bien poncée avant l'application de la suivante.

Laque du Japon. — Des renseignements très complets sur le vernis du Japon ont été donnés par M· J. Quin (1). Il paraîtrait que l'industrie de la laque était déjà en pleine prospérité au Japon au milieu du viie siècle ; la laque rouge daterait de la même époque. C'est au xvie siècle que les Japonais connurent et appliquèrent les méthodes des Chinois. De leur côté, les Chinois ne connurent les procédés japonais pour la laque noire que vers le milieu du xviiie siècle et encore ne les connurent-ils qu'en partie.

Toutes les laques japonaises deviennent noires par exposition à l'air.

M. Quin dit que les laques ne peuvent sécher que dans une atmosphère humide ; le père d'Incarville fait la même remarque pour les laques chinoises. Malgré les dénégations de Watin, et malgré l'étrangeté du fait, il faut certainement l'admettre devant deux affirmations de sources et de dates si différentes (2).

(1) Comptes-rendus de la Société asiatique du Japon, 12 octobre 1880.

(2) Aux jardins royaux de Kew, à Londres, se trouve une collection de laques, d'objets laqués et d'outils de laqueur.

La récolte de la laque se fait de juin à novembre et chaque arbre fournit en moyenne 400 grammes de laque par an. Le traitement est le même que celui de la laque chinoise.

Les objets luxueux reçoivent une douzaine de couches de laque, les objets courants trois couches.

M. Hikorokuro Yoshida, chimiste japonais (1) et M. Ishimatsu, professeur à l'Université de Tokio (2), ont examiné la laque japonaise au point de vue chimique. Sa densité est 1.0020 à 20° et elle renferme :

Acide urushique	85 15
Gomme arabique ou analogue . . .	3 15
Matière azotée	2 28
Eau et matière volatile.	9 42

Cette analyse a été faite sur la laque la plus renommée, celle d'Yoshino. D'une façon générale c'est la teneur en acide urushique qui indique la valeur du produit. Voici deux autres analyses :

	(3)	(4)
Acide urushique	64 07	58 24
Gomme arabique.	6 05	6 32
Matière azotée . . . . , . .	3 43	2 27
Huile.	0 23	»
Eau et matière volatile.	26 22	33 17

L'acide urushique est une pâte à odeur caractéristique $D_{23} = 0,9851$, ne s'altérant pas au contact de

(1) Sur la laque du Japon ou *Uruschi*. *Journal de Physique et de Chimie*, 1884.
(2) *Journal of the Chemical Society*, 1883.
(3) Laque de Tokio analysée par M. Takayma.
(4) Laque ordinaire.

l'air. Insoluble dans l'eau, mais soluble dans la benzine, l'alcool et le sulfure de carbone.

Vernis des Indiens du Pasto. — Ce vernis a été rapporté par Boussingault qui en a décrit les principales propriétés (1). Ce vernis est mou, très élastique, étirable comme du gluten. Les Indiens l'appliquent en couche très mince sur le corps à vernir. Il durcit vite et ne s'écaille jamais. On ignore son origine.

Vernis modernes. — Dans les vernis gras les gommes sont en dissolution dans un mélange d'huile de lin et d'essence de térébenthine.

La fabrication des vernis gras peut être résumée ainsi :

1° Cuisson des gommes, opération nécessaire pour rendre celles-ci solubles.

2° Adjonction d'huile de lin aux gommes cuites.

3° Adjonction d'essence de térébenthine au mélange précédent.

Au point de vue des matières premières, nous aurons donc à examiner successivement : les gommes, les huiles et l'essence de térébenthine ainsi que les différents succédanés qu'on lui a opposés.

(1) *Annales de Physique et de Chimie,* 1834, t. LVI, page 216.

PREMIÈRE PARTIE

INDUSTRIE DES VERNIS GRAS

CHAPITRE PREMIER

MATIÈRES PREMIÈRES

Nous avons déjà dit que l'industrie appelait indifféremment *gommes* les gommes-résines, les résines et même certaines oleo-résines, ces dernières étant, d'après Gerhardt, des résines chargées d'huiles essentielles. Généralement, on appelle *baumes*, ou oleo-résines, des substances molles ou liquides contenant à l'état de liberté de l'acide cinnamique, de l'acide benzoïque ou ces deux acides réunis.

L'acide benzoïque $C^6H^5Co^2H$, fond à 120° et bout à 250° ; il est facilement sublimable. Il a été découvert en 1608 par Blaise de Vignière en traitant le benjoin.

L'acide cinnamique $C^6H^5 — CH = CH — CO^2H$, fond à 135° et bout vers 300°, en se décomposant en partie ; il est soluble dans l'éther et l'alcool.

Les gommes-résines contiennent des gommes, des résines, de l'eau, des sels et des huiles volatiles. Leurs densités sont supérieures à celle de l'eau ; elles ont en général une odeur forte.

Quant aux résines proprement dites elles proviennent de secrétions de certains végétaux : un grand nombre d'entre-elles sont fossiles ; leur constitution chimique est inconnue, d'une façon à peu près complète.

Pourtant, certaines, comme la résine Dammar ou la résine sandaraque, par exemple, sont généralement envisagées comme les termes d'oxydation au contact de l'air des terpènes. Quelques-unes présentent des caractères acides très marqués ; on peut même dire que c'est le plus grand nombre. C'est dans cette classe des résines que l'on rencontre la presque totalité des matières employées dans l'industrie des vernis sous le nom de *gommes*.

Gommes

Sous bénéfice des réserves faites plus haut et sans nous inquiéter des classifications en baumes, résines, gomme-résines, nous allons parler très rapidement des produits employés par le fabricant de vernis sous le nom de gommes. Pour la facilité, nous adopterons une classification qui ne cadre pas exactement avec celles des traités spéciaux, mais qui répond peut-être mieux à la pratique.

Copals. — Sous le nom de copals on comprend toute une série de produits naturels de qualités bien différentes. Nous examinerons d'ailleurs les propriétés des diverses gommes après leur description. Toutes ces gommes proviennent en général de l'oxydation d'huiles essentielles fournies par différents végétaux. On en trouve une description assez complète dans l'ouvrage de Guibourt (1).

Les copals les plus couramment employés sont :

Zanzibar. — C'est le plus estimé et le plus dur des copals. On en trouve des morceaux de colorations différentes, à surface chagrinée, faisant *peau d'oie*, selon l'expression consacrée. Cette gomme, dont on peut se procurer des lots d'une teinte d'un jaune très pâle, et même blanche, est fort estimée ; elle est susceptible de donner les vernis les plus brillants, les plus durables et les moins colorés. Elle atteint souvent des prix très·élevés.

On trouve cette gomme à peu de distance de la côte, à un mètre environ sous un sol sablonneux et rouge ; c'est ce qui explique la *peau* caractéristique de cette gomme.

Madagascar. — C'est une bonne qualité de copal dur, dont notre colonie peut largement alimenter le marché. Très semblable à la gomme de Zanzibar, elle a, au contraire de cette dernière, une surface très lisse, elle est moins dure et sa coloration est en général plus foncée. C'est une excellente gomme, susceptible de donner des vernis très appréciés.

Demerara. — C'est une gomme assez dure, d'un

_____

(1) Guibourt, *Histoire naturelle des drogues simples*.

aspect assez semblable à celui de la gomme de Madagascar ; elle fond au-dessus de 200°, mais elle est relativement peu employée parce qu'elle perd beaucoup à la cuisson. Nous avons obtenu avec cette gomme de très beaux vernis.

Copals d'Afrique — Sous ce nom général on comprend les différents copals dits : Angola, Benguela, Congo, Loango, Acra, Siera Léone, etc. Tous ces copals, sauf la Siera Léone, se trouvent enfouis dans le sol et proviennent certainement d'exsudations de certains arbres. Les indigènes prétendent que le copal acquiert ses propriétés par un séjour prolongé dans le sol. Voici quelques renseignements fournis par Daniel qui est resté fort longtemps en Afrique :

« Des quantités considérables accumulées par les années sont régulièrement mises à nu et entraînées des déclivités des montagnes par l'action des eaux pendant la saison des pluies..... ; d'autre part aucun arbre copalifère n'existe dans la région où se récolte le copal ; la résine se trouve dans le sol » (1).

Le docteur Welwitsch estime que le copal est une véritable gomme fossile, et il prétend que les arbres qui l'ont fournie n'existent plus ; il se base sur ce fait que l'on ne rencontre aucun arbre fournissant une résine analogue là où on recueille le copal d'Angola (2).

Angola. — Le copal d'Angola se trouve souvent à

(1) Quelques observations sur les copals. *Pharmaceutical Journal*, 1857.
(2) Observations sur la gomme copal. *Proceedings of the Linnean Society*, tome IX.

4 mètres de profondeur. La surface de ce copal est à peau d'oie mais avec un grain plus gros que celui du copal de Zanzibar.

On en connait 2 variétés : l'angola blanc et l'angola rouge. D'après Bottler le second fondrait à plus haute température que le premier. Assez difficile à travailler, ce copal donne de bons vernis.

. *Loango*. — C'est un copal assez dur, mais de couleur et de propreté très variables. Comme les qua · lités inférieures sont offertes à bas prix, c'est une gomme intéressante sous ce rapport, car elle permet de faire des vernis solides à bon marché.

Congo. — On en rencontre peu, cette variété de copal ressemble beaucoup à l'Angola blanc.

Benguela. — Gomme fossile, dont certains morceaux tout à fait blancs peuvent servir à la fabrication de vernis peu colorés. D'autres variétés se présentent sous l'aspect de morceaux jaunes ou blancs avec quantité d'impuretés. Fondant à plus basse température que les copals durs, la gomme de Benguela est assez employée depuis quelques années. D'une fusion facile, elle donne des vernis un peu tendres.

Siera Léone. — Cette excellente gomme, qui est devenue malheureusement une des plus chères, a été importée en Angleterre au siècle dernier ; mais il y a 60 ans, c'est à peine si on en consommait 5 à 6.000 kgs par an, tandis que maintenant la consommation atteint bien 600.000 kgs et il y a des moments où il est fort difficile de se procurer de cette gomme.

Ce n'est pas une gomme fossile. On la récolte sur un arbre de la famille des légumineuses, le *Guibour-*

tia copallifera, à peu près comme on récolte la térébenthine en France.

Copal demi-dur, se présentant sous l'aspect de larmes arrondies blanche ou d'un blanc plus ou moins jaunâtre. C'est une gomme très appréciée et d'un prix élevé ; elle donne des vernis peu colorés et très souples.

Manille. — Gomme dont on consomme d'assez sérieuses quantités, surtout pour la préparation des vernis qui n'ont pas à subir de grandes fatigues. Cette gomme vient de Singapour, de Bornéo, etc.

On en connaît des variétés présentant plus ou moins de dureté, mais elles sont toujours plus tendres que tous les copals cités plus haut.

La gomme Manille est vendue en morceaux très volumineux, dont la couleur varie du blanc mat au brun foncé : quelques-uns sont opaques et laiteux, d'autres ont un éclat vitreux et sont bien préférables aux premiers, même si leur coloration est plus accentuée.

Cette gomme n'est ni un copal tendre, comme la gomme dammar, ni un copal demi dur, comme la siera Léone ; elle occupe une place intermédiaire et bien nette entre eux. Les copals de Manille sont les résines fossiles de l'Asie ; il y en a des types dont la ressemblance avec la gomme Kauri, dont nous parlons plus loin, est frappante.

Il parait que l'on rencontre de ces gommes Manille à l'état fossile, dans des carrières ; que d'autres, les plus tendres, sont récoltées par saignées d'un arbre

du genre Hymeneoa. Singapour, Bornéo, Macassar
et Manille sont les principaux lieux de production.

La gomme Manille est très difficile à travailler.

Kauri. — Provenant de la Nouvelle-Zélande, cette
gomme a pris une importance considérable.

Elle est encore connue sous les noms de *Kouri* ou
Sydney. La facilité avec laquelle on la travaille, les
qualités extrêmes qu'elle peut donner, font que certains fabricants l'emploient pour tous les genres de
vernis. On en rencontre des morceaux durs et incolores (*dial*), atteignant des prix de vente très élevés ;
d'autres morceaux sont également durs, mais d'une
couleur variant du jaune clair au brun foncé ; certaines variétés se présentent sous l'aspect de morceaux laiteux, ce sont les moins bonnes. Enfin, on utilise sous le nom de *chips* les débris des différentes
qualités. Pour fixer les idées sur l'importance du
marché de la gomme Kauri, nous donnons ci-dessous
la traduction d'un article paru en 1898 dans un journal anglais :

« La commission de la gomme Kauri, nommée par
le gouvernement de la Nouvelle-Zélande, a reconnu
que cette industrie qui produit plus de *200 millions*,
n'ajoute rien au revenu de la colonie, tandis qu'elle
entraîne de grandes dépenses pour l'entretien des
routes, et cause une profonde destruction du sol.

« Le travail est presque entièrement fait par des
Autrichiens qui envoient hors du pays l'argent qu'ils
gagnent, et qui, robustes, laborieux et connaissant la
culture de la vigne et de l'olivier, feraient d'excellents colons si on les décidait à s'installer sur un sol
convenable, choisi spécialement pour eux.

« La commission recommande que personne n'obtienne de licence pour l'extraction de la gomme qu'après une résidence de 12 mois dans la colonie et que l'on impose un droit d'exportation de 75 à 125 francs par tonne de gomme ».

Cette gomme n'était pas employée dans l'industrie des vernis il y a 70 ans ; les premiers travaux publics sur elle datent de 1843 (1).

Elle arrive de la Nouvelle-Zélande qui doit en expédier au moins *10.000 tonnes* (2) par an. Cette résine fossile provient d'un arbre aujourd'hui disparu, là où on trouve la gomme, le pin de la Nouvelle Zélande, appelé par Guibourt *Dammara Australis*. C'est pour cela qu'on classe la Kauri dans la famille des copals tendres, avec les dammars, ce qui permet de trouver sur cette gomme des appréciations comme la suivante : « le dammar est très tendre et se place au-dessous des copals Manille les plus tendres ; il est seulement un peu plus dur que la colophane » (3).

Ceci est vrai pour le dammar proprement dit (Dammar de Batavia) mais ne doit pas être appliqué, comme le fait M. Livache et d'autres auteurs, à la gomme Kauri.

Le dammar et la Kauri se comportent d'une façon essentiellement différente avec les dissolvants, et les qualités les plus communes de Kauri constituent

(1) R. Thompson. *Annales de physique et de chimie*, p. 499.
(2) Ce chiffre ne correspond pas avec le chiffre de 200 millions cités plus haut, Renseignements pris à deux sources différentes.
(3) Livache. Vernis et huiles siccatives, page 24.

des gommes incomparablement plus dures que le Dammar.

Alors qu'on n'emploie pas le Dammar dans l'industrie des vernis gras, la Kauri y est, au contraire, largement employée et les belles qualités de Kauri, dont les prix sont *le triple* de celui du dammar, permettent d'obtenir des vernis gras parfaits et *très solides*.

C'est pour toutes ces raisons que nous n'avons pas suivi les différents auteurs dans la classification habituelle et que nous avons mis la Kauri nettement à part.

Les arbres à pin qui vivent maintenant à la Nouvelle-Zélande produisent une résine molle inemployable. On pense généralement que son séjour dans le sol la rendra comparable à la Kauri exploitée en ce moment.

La gomme se rencontre à peu de profondeur dans le sol ; son aspect est infiniment variable, on trouve des morceaux très gros (on en a trouvé pesant de 50 à 100 kgs) ou des fragments assez petits. Il y a de la Kauri très brune et de la Kauri extrêmement pâle. L'extraction en est très facile et faite en grande partie par les indigènes.

Dans le commerce, en dehors des différentes nuances, on trouve de la Kauri grattée ou brute avec une échelle de qualités entre les variétés, *complètement grattées* et celles *complètement brutes*.

En dehors des deux types bien nets : Manille et Kauri, on divise généralement les copals en trois classes :

1° les copals durs ;
2° »   »   demi-durs ;
3° »   »   tendres.

Parmi les copals tendres se trouvent placées une série de gommes dont nous ne parlerons pas ici (Dammar, sandaraque, mastic) parce que l'industrie des vernis gras ne les utilise pas ; nous en ferons l'étude plus loin.

Voici quelles sont les gommes qui se trouvent dans les deux premières classes :

Copals durs	Copals demi-durs
Zanzibar	Angola rouge
Madagascar	Benguela
	Loango
	Congo
	Siera Léone
	Brésil

Ils sont ainsi placés dans l'ordre de dureté décroissante, d'après Andès.

Cette question de la dureté a été reprise par Max Bottler qui a observé que tous les copals sont rayés par le sel gemme ; pourtant les copals durs le sont à peine.

On a publié beaucoup de travaux sur la manière de distinguer les copals du succin. M. H. Napier-Draper a indiqué la solubilité du copal (?) dans l'huile de Cajeput et l'insolubilité du succin, même à l'ébullition. M. Reboux (1) a donné toute une série de

(1) *Annales de physique et de chimie*, 1877, t. XI, page 138.

moyens plus ou moins pratiques, desquels il suffit
de retenir le suivant : production d'aiguilles blanches d'acide succinique pendant la distillation de
l'ambre, fait d'ailleurs parfaitement connu de tous
temps.

Ambre. — Résine fossile qu'on trouve dans toutes
les parties du monde, mais principalement sur les
bords de la Baltique et dans la Birmanie où on en
exploite des mines. Elle est encore connue sous les
noms de *Karabé* et de *Succin*. Sur les bords de la
Baltique, on trouve l'ambre à la surface de la mer,
après les tempêtes, et on le pêche alors avec des
filets On trouve de l'ambre blanc ; mais celui qui
est offert aux fabricants de vernis est en morceaux
peu gros, d'un brun rouge. Il fond, d'après différents
auteurs, entre 280 et 315°. Sa densité est égale à
1.080. D'une grande dureté, il est néanmoins très peu
employé dans la fabrication des vernis malgré
l'affirmation contraire suivante : « Le succin sert à
faire les vernis les plus durables, en particulier les
vernis gras, dont il est la base fondamentale » (1).

On l'emploie peu pour les deux raisons suivantes :

1° La fusion s'opérant à haute température, les
vernis obtenus sont toujours très colorés ;

2° Les vernis au succin sont très durs, mais très
cassants.

Le succin est une résine fossile qui a séjourné
plusieurs milliers d'années dans la terre. Elle provient
d'un arbre préhistorique et on en fait la récolte en
Europe. En France, on en trouve dans un certain

(1) Encyclopédie Roret. Fabrication des vernis, p. 90.

nombre de localités, en particulier à Auteuil, aux environs de Paris.

Les sortes commerciales sont fort nombreuses.

Le succin est composé de trois résines différentes, dont l'une est complètement insoluble dans les dissolvants. A côté de ces trois résines on rencontre une assez forte proportion d'acide succinique.

Noirs.— La préparation des différents vernis noirs exige l'emploi de produits spéciaux que l'on peut envisager comme des carbures d'hydrogène.

L'*asphalte*, dont on connaît plusieurs variétés, est une résine fossile ; sa coloration varie du brun foncé (bitume de Judée) au noir profond (pitch d'Amérique). Le bitume de Judée est une variété très appréciée, employée surtout pour la fabrication des vernis noirs dits *Japon*.

L'*asphalte du gaz*, provenant de la distillation des goudrons, ressemble à l'asphalte naturel ; d'un prix peu élévé il peut convenir pour la préparation des vernis noirs communs.

Le *brai stéarique*, produit résiduaire des stéarineries est d'un beau noir, d'un prix relativement peu élevé et d'une fusion facile. Depuis un certain nombre d'années on en consomme des quantités considérables.

Parmi les noirs, les *asphaltes* occupent la place la plus importante. Ce sont des carbures d'hydrogène souillés de quantités plus ou moins fortes de silice et de différents oxydes métalliques. Il en vient du Tyrol, d'Angleterre, des bords de la mer Morte, etc. En France, on en trouve dans l'Ain et dans l'Auvergne. Les différents auteurs donnent pour les asphaltes des densités comprises entre 1.070 et 1.150 ; ils sont

incomplètement solubles dans l'alcool et dans l'éther,
mais le résidu insoluble est soluble dans l'essence
térébenthine. Une variété très estimée et très deman-
dée d'asphalte est connue sous le nom de *Barbados* ;
les fabricants de vernis en font une grande consommation.

Le point de fusion des asphaltes est donné voisin
de 100°. Beaucoup de variétés d'asphaltes sont directement solubles dans l'essence de térébenthines. Les
autres variétés sont facilement rendues solubles par
une action plus ou moins prolongée de la chaleur.

Voici les résultats d'une analyse qui nous a été communiquée par des négociants du Havre sur la variété
dite « Marajak ».

Densité 1.123.

Point de fusion 233° (?).

Humidité	2.49
Cendres	2.70
Carbone	83.62
Hydrogène	8.29
Soufre	0.85
Oxygène et azote	2.05
	100.00

Nous avons eu également les renseignements suivants, moins précis, sur un bitume des Antilles qui
nous a donné entière satisfaction à l'emploi :

Densité 1.123.

Point de fusion 215° (?).

Matières solubles dans la sulfure de carbone.	94.39
Cendres	2.32
Perte par la chaleur	2.61
	99.32

Il existe d'ailleurs toute une série de noirs à des prix très différents ; l'habitude du praticien permet de déterminer aisément la valeur industrielle des différentes qualités.

Divers. — A côté de ces diverses gommes, l'industrie utilise sous les noms de *colophane* et *galipot* les produits résiduaires du traitement de la gemme dans la fabrication de l'essence de térébenthine, traitement dont nous parlerons plus loin.

Le brai obtenu pendant la distillation de la gemme est recueilli dans des fûts en bois où il se solidifie. Selon que la gomme est plus ou moins pure le brai obtenu est de couleur claire ou foncée. On trouve même dans le commerce des brais presque noirs. Les colophanes sont les brais obtenus avec les gemmes les plus pures.

Le *galipot*, encore connu sous les noms de *barras* ou *garipot*, peut être considéré comme une oléo-résine. C'est la gemme d'hiver du pin de Bordeaux. On livre le galipot dans de grands fûts en bois, comme ceux contenant la colophane. Il se présente en grandes masses d'un blanc jaunâtre ; celui de récolte récente est mou, il devient solide avec le temps.

Les colophanes et le galipot servent à la préparation des vernis communs.

Le lecteur trouvera plus loin, à propos des térébenthines, plus de détails sur ces produits.

Propriétés des gommes

Nous allons examiner maintenant les propriétés des différentes gommes dont nous venons de donner les caractères généraux.

Les constants physiques principales sont : densités et points de fusion.

Les densités de toutes les gommes sont supérieures à 1, mais il est assez difficile de donner une densité exacte pour chaque variété. En effet, les morceaux sont plus ou moins propres et ils présentent plus ou moins des bulles d'air. Nous résumons dans le tableau suivant, les nombres donnés par Max Bottler (1) et ceux que nous avons obtenus, à l'aide de la balance de Mohr et de la méthode du flacon, en opérant sur des morceaux d'une même gomme choisis intentionnellement très différents.

	Densités déterminées		
Gomme.	D'après Bottler.	Par la méthode du flacon.	A la balance de Mohr.
Zanzibar......	1.0621'	1.0457	1.050 clair. 1.050 foncé.
Angola rouge..	1.068	1.0599	1.072 1.072
Siera Léone...	1.0645	1.0714 1.0634	1.075 lav. color. 1.066 lav, claire.
Benguela......	1.066	1.0766	1.062 foncé. 1.041 clair.

Nous avons déterminé les densités d'un certain nombre d'autres gommes et nous avons toujours

(1) Moniteur scientifique Quesneville, d'après *Dingler's Poly technisches Journal* 1867, n° 9, 202.

trouvé des variations plus ou moins grandes. Par la
méthode du flacon toutes ces densités sont ramenées
à la même température.

	Par la méthode du flacon.	Par la balance de Mohr.
Kauri (belle qualité)...	1.025	
Kauri (Dial)............	1.006	
Kauri (qualité courante)	1.047	
Madagascar....... 1.046 à	1.0491	1.058 à 1.059
Brésil................	1.056	1.046 à 1.057
Manille 1/2 dure claire.	1.047	1.040
» dure foncée.	1.074	1.078
Colophane foncée.....	1.073	1.072
Colophane claire......	1.073	

Pour les points de fusion, il est assez facile de les
déterminer avec un peu d'habitude à l'aide du bloc
de Maquenne, pour un certain nombre de gommes.
Nous donnons ci-dessous les résultats que nous avons
obtenus ainsi, comparativement aux chiffres fournis
par Max Bottler et pris dans le journal cité plus haut
ou dans le livre de M. Livache : *Vernis et huiles siccatives*. Il est toujours délicat de saisir exactement le
point de fusion de certaines gommes.

| | Points de fusion | |
Gommes	D'après Max Bottler	Déterminés
Zanzibar.............	275	
Benguela.............	180-185	215
Angola rouge.........	315	
Manille dure	145 (Manille jaune).	135
» demi-dure.....		110
Siera Léone	195°	200
Kauri	150°	160

Au point de vue industriel il y a lieu d'examiner
en détail de quelle façon ces différentes gommes se

comportent en présence des réactifs chimiques et des divers dissolvants.

Les gommes que nous avons décrites sont, au point de vue chimique, des corps fort peu connus. Néanmoins, on peut dire que la plupart des copals contiennent en majeure partie des acides résiniques et résinoliques, car il est facile de les saponifier.

Les gommes sont des composés renfermant de l'hydrogène, de l'oxygène et du carbone. L'analyse élémentaire d'échantillons connus a été faite par Filhol (1) et a donné les résultats suivants :

	Madagascar	Zanzibar
Carbone	79.80	80 66
Hydrogène	10.78	10.57
Oxygène	9.42	8.77

Nous avons dosé l'azote que pouvaient contenir les différentes gommes couramment employées dans l'industrie. Les nombres obtenus sont toujours très faibles, mais on trouve de l'azote dans des échantillons très propres et paraissant ne contenir aucune impureté, ni aucuns débris organiques, débris auxquels on pourrait logiquement attribuer l'origine de l'azote organique. Quoi qu'il en soit, voici les nombres que nous avons obtenus.

Zanzibar	0.875 0/0
Madagascar . . .	0.175
Angola rouge . . .	1.31

(1) 1842. Thèse soutenue, devant la Faculté des sciences de Paris.

Benguela 0.175
Kauri. 0.26
Brésil. 0.43

Dans les mêmes conditions, le caoutchouc para nous a donné, 3,67 0/0.

L'action des alcalis et des acides a été étudiée par Max Bottler dans le *Dingler's Polytechnisches Journal* en 1897. On trouvera une traduction de ce travail dans le *Moniteur Scientifique* de mars 1898.

Dans l'acide sulfurique concentré le copal de benguela se dissout en donnant une solution rouge brun ; La sierra Leone et l'angola donnent une solution rouge foncé ; il en est de même pour le copal de Zanzibar.

La soude, ou la soude alcoolique, ne permet pas une saponification complète ; en général le copal se gonfle et une partie seulement entre en dissolution.

Le Dr Saac (1) a fait une étude complète de l'action d'une foule de corps sur différentes gommes ; nous résumons son travail dans le tableau suivant pour les gommes nous intéressant.

Eau bouillante. — La colophane s'empâte, le dammar s'agglomère, les copals ne changent pas.

Alcool. — Le dammar est insoluble, les copals s'agglutinent.

Éther. — Le dammar et la colophane se dissolvent, les copals se gonflent.

Acide acétique. — Sans action, sauf sur la colophane qui se gonfle.

Soude caustique. — Dissout difficilement la colophane, sans action sur les autres gommes (2)

(1) Annales de Physique et chimie 1869, 4e série, t. XVI. p. 241.

Essence de térébenthine. — Gonfle les copals, dissout bien le dammar, la colophane.

Huile de lin cuite, bouillante. — Sans action sur les copals, dissout le dammar et la colophane.

Benzine. — Copal et succin insolubles, dissout bien le dammar et la colophane.

On peut remarquer qu'il n'y a pas concordance sur certains points avec les résultats énoncés par Max Bottler. Il est certain que ce dernier a raison, notamment en ce qui concerne l'action des alcalis, action qu'il a parfaitement décrite. Nous aurons d'ailleurs occasion de résumer en un tableau les caractères chimiques des différentes gommes.

Pourtant, il est un point sur lequel il convient d'appeler l'attention, c'est l'action de l'huile de lin cuite bouillante. Le Dr Saac la dit nulle sur les copals. C'est une très grave erreur. En effet, on peut trouver, dans un livre de recettes publié en Angleterre, un procédé de fabrication sans cuisson préalable des gommes, par dissolution dans l'huile très chaude et en maintenant l'action assez longtemps. On s'explique d'ailleurs très aisément le fait : la température à laquelle l'huile se trouve portée est suffisante pour dépolymériser le copal et le rendre soluble. Nous avons essayé cette méthode qui permet d'obtenir des vernis plus pâles que par cuisson préalable ; mais les vernis obtenus sont de qualité inférieure et l'opération est très longue.

En reprenant l'étude faite par le Dr Saac, Vogel (2) a montré que l'alcool amylique était un excellent dis-

(1) *Moniteur scientifique*, octobre 1881.
(2) Ou tout au moins le plus grand nombre des copals

solvant du copal. Bien avant ces deux auteurs, Napier avait utilisé la solubilité de la gomme copal dans l'huile essentielle de cajeput pour le différencier du succin qui est complètement insoluble (1). Le copal dissout dans l'huile de cajeput donne une solution miscible à l'alcool sans trouble ni coagulation.

Mais ce qu'il convient de reprocher à beaucoup d'auteurs, c'est qu'ils oublient d'indiquer sur quels genres de copals ont porté leurs investigations, et nous avons déjà eu occasion de le dire, on désigne sous le nom générique de *copals,* une quantité considérable de gommes ayant des propriétés très différentes et donnant en fabrication des résultats encore plus différents.

Cette observation peut s'appliquer au travail de M. Freidburg (2) qui a examiné le copal dur d'Afrique, sans autre indication d'origine. Il a indiqué une réaction très nette obtenue par l'action de l'aldéhyde benzoïque : solubilité très rapide mais prise en masse presque immédiate sous forme de gelée de la dissolution obtenue. Le copal fondu est attaqué par le soufre avec dégagement d'hydrogène sulfuré. L'ammoniaque donne un produit blanc complètement volatil ; l'acide chlorhydrique concentré attaque faiblement et l'acide chromique est sans action. Le meilleur dissolvant serait le cinéol (3).

L'action de l'acétone anhydre, qui est un dissolvant remarquable, a été également étudiée, mais toujours

(1) *Moniteur scientifique,* octobre 1863. Mais quel copal ?
(2) *Moniteur scientifique,* septembre 1891,
(3) Le cinéol ou eucalyptol est un dérivé terpénique très répandu.

sans indication de la nature du copal soumis à l'expérience. A froid, sur la gomme copal employée, la dissolution se faisait rapidement à condition de chauffer la gomme au préalable jusqu'à commencement de fusion : 2,8 d'acétone pour 1 de copal. Le vernis obtenu ainsi sèche instantanément (1).

La solubilité dans l'essence de térébenthine et les huiles grasses et essentielles, sous l'influence de la chaleur et de la pression a fait l'objet d'une étude de Violette sur laquelle nous aurons à revenir plus loin (2).

Toutes ces actions des différents composés, au point de vue dissolvants, méritent de fixer l'attention du fabricant qui a le plus grand intérêt à les bien connaître, car il peut en tirer parti dans une foule de cas. Malheureusement tous les travaux publiés ne présentent pas une assez grande précision et il y a intérêt à résumer sur chaque variété les faits qui paraissent le mieux acquis ; c'est ce que nous faisons ci-dessous.

ZANZIBAR. — L'alcool amylique le gonfle et arrive à en dissoudre une notable partie, l'aniline et l'éther nitrique agissent énergiquement. L'essence de térébenthine l'attaque peu. L'alcool le ramollit sans le dissoudre. A l'ébullition prolongée l'alcool peut dissoudre 10 à 12 0/0.

MADAGASCAR. — Se comporte à peu près comme le copal de Zanzibar. L'alcool bouillant peut dissoudre 17 à 18 0 0.

SIERRA LÉONE. — L'alcool à 96° arrive à en dis-

(1) Wiederholot, *Bulletin de la société chimique*, 1864, II. 476
(2) *Comptes rendus*, t. LXIII, p. 461, 1866.

soudre 40 0/0. L'aniline et l'éther nitrique en dissolvent une proportion plus grande encore. L'essence de térébenthine oxygénée donne une dissolution complète.

Brésil. — L'alcool bouillant peut en dissoudre 38 à 40 pour 100 ; l'essence oxygénée ne donne pas, comme avec la Sierra Léone, une dissolution complète, mais on peut y parvenir par traitements successifs. L'aniline et l'éther nitrique agissent énergiquement. A chaud, l'alcool amylique peut donner une dissolution presque complète.

Angola. — Andès est arrivé à le dissoudre complètement dans l'essence de térébenthine, après 10 ou 12 années de contact ; mais, comme le fait observer M. Livache, il est plus logique d'attribuer cette dissolution à l'oxydation de l'essence de térébenthine ; l'huile de cajeput le dissout complètement, l'aniline en dissout la plus grande partie, mais, comme toutes les dissolutions dans l'aniline, la solution est très foncée. L'alcool bouillant dissout environ 33 0/0 d'angola rou. e.

Benguela. — Se comporte à peu près de la même façon que l'angola : l'alcool bouillant dissout de 25 à 27 0/0.

Manille. — Après exposition à l'air, Max Bottler prétend à une dissolution complète dans l'alcool ; à chaud, on peut dissoudre de suite 75 à 90 0/0 selon la dureté de la gomme; l'éther nitrique donne également ment une dissolution complète ; après exposition à l'air, d'après Vogel, l'éther peut également donner une dissolution complète.

Kauri. — L'alcool bouillant arrive à en dissoudre

65 0/0, une partie assez notable peut également se dissoudre dans l'essence de térébenthine à condition d'agiter et de laisser l'action se manifester longtemps.

Nous n'avons pas cru devoir vérifier toutes les solubilités que nous indiquons, à part la solubilité dans l'alcool, car l'industrie des vernis gras ne s'étant pas encore affranchie de la pyrogénation les différentes solubilités ne présentent pas un intérêt industriel direct.

Parmi les différentes matières dissolvantes essayées sur les copals, il convient de signaler l'acide oléique des stéarineries qui dissoudrait « intégralement » les gommes dures et demi-dures (1), ce qui demande amplement à être vérifié. Les auteurs ajoutent d'ailleurs que le degré de solubilité est variable, mais que le produit de la dissolution est soluble dans l'essence de térébenthine et les huiles et peut donc servir à la fabrication de vernis gras. Nous pensons que pareil produit n'a jamais été employé.

Gommes solubles

A côté de ces produits naturels, que l'industrie emploie tous les jours et auxquels on donne la solubilité dans les huiles au moyen d'une cuisson préalable, le commerce allemand fournit depuis un certain nombre d'années des produits tout préparés susceptibles de donner, par simple dissolution à chaud dans l'huile de lin et l'essence, des vernis ayant de suite la limpidité et la siccativité désirées. Les noms sous les-

(1) Germot et Rivière, 1884. Brevet 159635.

quels sont offerts ces produits sont fort nombreux ;
nous n'en citerons pas et nous nous contenterons de
dire que les usines où ils se fabriquent prennent le
nom de *fonderies de copals*.

Nous avons examiné un grand nombre de ces corps
et nous avons constaté qu'ils étaient en effet suscep-
bles de donner des vernis ; il est plus difficile de porter un jugement sur la valeur des vernis obtenus,
mais, ce qui est certain, c'est que l'industriel qui vou-
drait fabriquer par cette méthode opérerait en véritable aveugle puisqu'aucune indication ne lui est donnée sur la nature du produit. Il est vrai que la
simplicité de la méthode réduit à néant le rôle du
fabricant.

Quand on soumet à l'incinération ces copals fondus, on constate qu'il reste une quantité notable de
cendres ; dans un copal fondu, destiné à la préparation
d'un vernis *pour parquets*, nous avons trouvé **9,21 0/0**
de cendres, et en examinant ces cendres nous avons
constaté la présence du plomb, du manganèse et du
calcium. Le plomb et le calcium ont été dosés et nous
avons trouvé les nombres suivants :

PbO **2.82 0/0**
CaO **3.25 0/0**

On peut donc en conclure que le travail de fabrique consiste à fondre les gommes et à ajouter des
sels de plomb et de manganèse qui permettent d'obtenir par dissolution un produit *immédiatement* siccatif.

C'est une partie des opérations que fait le fabricant de vernis. Aussi, l'emploi de ces produits ne
conduit-il pas, malgré l'annonce des prospectus, à
une économie sur les prix de revient.

Analyse des gommes

L'analyse des gommes présente de sérieuses difficultés. Au point de vue de l'examen qualitatif, on peut se servir des indications de solubilité données par Von Schmidt et Erban ; on trouvera une marche systématique dans le livre de M. Halphen (1). Le praticien se fie généralement aux connaissances pratiques qu'il a pu acquérir et quand il s'agit d'une variété bien définie ces connaissances sont encore le meilleur guide.

En cas de doute sur l'origine d'une gomme on peut utiliser la détermination de constantes en prenant :

1° *le chiffre de l'acide*, c'est-à-dire le titre acidimétrique des acides libres ;

2° *le chiffre de Kottstorfer* indiquant les acides totaux après saponification potassique ;

3° *le nombre d'iode*, ou titre de Hübl ; poids d'iode qui peuvent fixer 100 parties de gomme.

Le chiffre de l'acide s'obtient en dissolvant 1 gr. de gomme dans l'alcool à 95°, filtrant sur un filtre taré et titrant l'acidité de la solution filtrée par la soude alcoolique demi-normale, en présence de phénolphtaléine. Connaissant l'insoluble restant sur le filtre taré on ramène facilement le titre acide à 100 de gomme.

On recommande de faire la dissolution dans un ballon avec réfrigérant ascendant. Ce procédé n'est

(1) Halphen. *La pratique des essais commerciaux.* — Matières organiques.

pas commode : la gomme non dissoute reste attachée aux parois du ballon et il n'est plus possible de la recueillir sur le filtre taré.

Nous préférons opérer dans une capsule en porcelaine tarée, décanter la solution alcoolique et porter la capsuleà l'étuve pour chasser l'alcool en excès ; dans ces conditions on peut déterminer très exactement la quantité de gomme entrée en solution.

Pour le chiffre de Kottstorfer, on fait bouillir 1 gr. de résine avec 25 cc. de solution alcoolique deminormale de potasse libre, on étend avec 100 cc. d'alcool à 95° et on titre la potasse libre à l'aide d'une solution demi-normale d'acide chlorhydrique. Ayant employé n cc de la solution acide, l'indice de Kottstorfer sera :

$$28,05 \times (25 - n)$$

Quant au nombre d'iode on le prend, soit sur la solution alcoolique de gomme, soit sur la solution alcoolique et l'insoluble réunis.

L'iode ajouté est en solution ainsi préparée.

<pre>
    Iode bi sublimé   .   .   .   50 gr.
    Bichlorure de mercure   .   60 gr.
    Alcool.   .   .   .   .   .   .   1 litre.
</pre>

Après 24 heures de contact, en employant assez de solution d'iode pour qu'après ce laps de temps le liquide soit encore coloré en brun, on ajoute une solution au dixième d'iodure de potassium en quantité telle que l'adjonction d'eau distillée ne donne pas de précipité d'iodure de mercure. Dans le liquide filtré, additionné d'empois d'amidon, on titre l'iode à l'aide d'une solution décinormale d'hyposulfite de soude. On titre de même 10 cc. de la solution d'iode.

En opérant sur 1 gramme de gomme, si l'on a employé V cc. d'iode, n cc. d'hyposulfite de soude pour le titrage de la solution d'iode et n' cc. pour le titrage de l'iode restant dans la solution alcoolique de gomme, le nombre d'iode sera donné par la formule suivante :

$$\left(\frac{V \times n}{10} - n' \right) \times 0.0127 \times 100$$

Cette méthode qui paraît facile, présente, au contraire, d'assez grandes difficultés. La réaction colorée est peu nette à cause de l'absorption des liquides par la gomme qui n'est pas entrée en dissolution.

Nous commençons par donner les nombres qui ont été obtenus par cette méthode (1),

	Chiffre de l'acide	Chiffre de Kottstorfer	Chiffre de l'iode	
			Liquide et résidu	Liquide seul
Zanzibar....	non déterminable	91	»	»
Angola blanc.	»	130.9	»	»
Angola rouge.	»	147.2	»	»
Dammar......	31.8	46.8	63.5	63.4
Colophane....	145	167.1	»	115.7

Voici quelques chiffres complémentaires fournis par le *Moniteur Scientifique* :

	Chiffre de l'acide	Indice de Kottstorfer
Demerara dur....	26,6	73,6
Zanzibar.........	indéterminé	89,6 à 92,4
Angola blanc.....	»	129,7 à 132,2
» rouge.....	»	146,4 à 148
Siera Léone......	84,6	129
Manille de Bornéo.	141,4	176,7
Kauri moyenne...	63	99,2
» fine.........	51,8	77,4 à 128,8(?)

(1) Halphen. *Pratique des essais commerciaux.*

Nous avons repris la détermination des 2 premières constantes pour toute la série des gommes dont nous avons donné déjà les caractères généraux ; nous consignons dans le tableau suivant les chiffres que nous avons trouvés.

	Chiffre de l'acide	Chiffre de Köttstorfer
Zanzibar........	86.8	67.3 à 72.9
Madagascar.....	81.5 à 89.7	72.9
Angola rouge ...	141 à 142.7	140.2 à 145.8
Benguela........	129.8 à 130.5	134.6
Brésil..........	124.6 à 129.5	140.2 à 143
Siera Léone....	129.3 à 130	129 à 131.8
Kauri (qualité courante)	77.3 à 78.3	95.3 à 98.1
Kauri (Chips)...	79.2 à 81.3	89.6
Colophane......	163.8 à 171.1	168.3 à 173.9
Manille dure....	161.3 à 163	168.3 à 173.9
Manille demi-dure........	152.4 à 154.7	151.4

On a proposé d'utiliser la détermination des 3 constantes dont nous venons de parler pour arriver à déterminer les proportions des différentes gommes dans un mélange où l'analyse qualitative aurait indiqué au plus 3 gommes. Connaissant les constantes des 3 gommes en quantités inconnues, x, y, z on comprend qu'il soit facile d'en déterminer les proportions par la simple résolution d'une équation du premier degré à 3 inconnues.

M. Max Bamberger a déterminé l'indice méthylique (1) d'un assez grand nombre de gommes. Il appelle

____

(1) *Moniteur scientifique*, septembre 1891.

indice méthylique la quantité de méthyle, 0,1 pour 100, qui se sépare d'une gomme quand on la chauffe avec une solution d'acide iodhydrique. On recueille l'iodure de méthyle formé dans une solution alcoolique de nitrate d'argent et on pèse l'iodure d'argent obtenu. On trouvera la description complète de la méthode et de l'appareil employés dans le *Moniteur Scientifique* (1).

Voici quelques résultats publiés par M. Max Bamberger :

Zanzibar...................	0
Colophane	0
Dammar...................	0
Kauri	7.1

Comme on le voit, parmi les nombres donnés une seule gomme contiendrait des groupes méthoxylés (OCH^3). Ce chiffre est intéressant à retenir.

MM. Parker et G. Mc. Ilkiney ont indiqué une méthode permettant de déterminer le brome d'addition et le brome de substitution dans l'action du brome sur les gommes (2).

On prépare les quatre solutions suivantes :

Solution $\dfrac{N}{3}$ de brôme dans le tétrachlorure de carbone ;

Solution $\dfrac{N}{10}$ d'hyposulfite de soude ;

» $\dfrac{N}{10}$ de soude caustique ;

(1) *Moniteur scientifique*, mai 1891.
(2) Analyse des graisses et des résines. *Moniteur Scientifique*, juin 1895.

Solution $\dfrac{N}{10}$ d'acide chlorhydrique.

On opère sur un 1/4 de gramme à 1 gramme de substance dans un ballon de 500 cc. bouché à l'émeri en ajoutant 10 cc. de tétrachlorure de carbure et un excès de la solution de brôme. Il faut laisser la réaction se faire dans l'obscurité, sans présence d'eau ni d'alcool. Au bout de 18 heures on entoure le ballon de glace et on ajoute, en soulevant à peine le bouchon, recouvert d'un caoutchouc, 25 cc. d'eau pour absorber l'acide bromhydrique formé. On agite et introduit ensuite 20 cc. d'une solution d'iodure de potassium à 200 gr. par litre. Le brome en excès déplace l'iode que l'on titre à l'aide de l'hyposulfite de soude (on ajoute avant 75 cc. d'eau).

A l'aide d'un entonnoir à robinet on sépare la partie aqueuse et on la filtre sur une toile. Si la liqueur est bleue on l'additionne de quelques gouttes d'hyposulfite de soude puis on titre à la solution décime de soude, en employant le méthylorange comme indicateur et en opérant dans une capsule en porcelaine. On ajoute la soude en léger excès et on revient avec une solution décime d'acide chlorhydrique, jusqu'à teinte rose. On peut voir que cette méthode repose sur la formation de l'acide bromhydrique, quand le brome se fixe par substitution, formation qui n'a pas lieu quand le brome se fixe par simple addition. Le titrage à la soude donne par calcul le brome de substitution.

Le brome d'addition s'obtient en retranchant deux fois le brôme de substitution du brôme total absorbé par suite de la réaction :

$$\times H + 2Br = \times Br + HBr$$

Voici les chiffres fournis par les auteurs, chiffres relatifs à la résine (?) :

Brôme total en 18 heures..   206,5   à   211,7
   »   d'addition ....   O
   »   de substitution ....   103,25 à 106,35

Les auteurs indiquaient également qu'ils fourniraient par la suite tout une série de nombres. Nous ne les avons pas trouvés, malgré nos recherches.

Résinates et linoléates

La nécessité de produire à bon marché une foule de vernis communs a conduit depuis longtemps les fabricants à faire usage de la colophane. Le premier résultat obtenu, c'est-à-dire la diminution du prix de revient, n'est pas le seul. En effet, nous verrons que l'industrie livre des colophanes tout à fait pâles à des prix peu élevés : le vernis obtenu avec ces produits sera donc en même temps peu coloré, condition qu'exigent certaines industries en même temps qu'un prix fort réduit.

Les gommes de bonne qualité coûtent toujours fort cher ; il n'est pas rare de payer 8 à 9 francs le kgr. les beaux morceaux de Zanzibar ; les qualités courantes de belle kauri ou de copal dur se paient facilement de 4 à 5 fr. le kgr. Comme la colophane ne coûte guère que 15 à 20 fr. les 100 kgr., elle permet d'obtenir des vernis à très bas prix ; mais les vernis ainsi obtenus ne présentent aucune solidité et on enlève très facilement la pellicule qu'ils laissent après dessication par simple frottement de la main : on dit qu'ils *farinent*.

On a proposé pour corriger ce défaut 2 procédés : soit l'emploi des résinates, soit l'usage de résines durcies : nous reviendrons plus loin sur ce second moyen.

Les résinates s'obtiennent facilement par doubles décompositions. Nous savons, en effet, que la colophane entre facilement en dissolution dans les solutions aqueuses de soude en donnant un résinate soluble à l'eau : une solution dans l'eau d'un sel alcalino terreux ou d'un sel de métal lourd, donnera avec le résinate alcalin, un résinate insoluble. Les résinates les plus employés sont ceux de chaux, de zinc, de manganèse et de plomb. Le résinate insoluble est filtré, passé à la presse et séché à une température modérée.

Les résinates donnent des vernis par dissolution dans l'huile de lin chaude et addition d'essence de térébenthine ou de ses succédanés.

Le plus intéressant de tous les résinates est celui de manganèse qui jouit, en dehors des propriétés générales des autres résinates, de celle de donner des vernis extrêmement siccatifs ; c'est pourquoi on l'emploie en mélange avec les résinates alcalino-terreux notamment. On l'obtient en précipitant par le sulfate de manganèse. Associé au résinate de zinc, qui présente une grande dureté, il permet d'obtenir un vernis commun très convenable.

Les résinates colorés s'obtiennent en dissolvant la matière colorante organique dans la solution alcaline de résine et en ajoutant au précipitant de la résine le précipitant nécessaire à la matière colorante.

On a également proposé l'emploi du linoléate de manganèse, surtout pour la fabrication des siccatifs ; on prépare un savon alcalin et on précipite par une solution aqueuse de sulfate de manganèse.

Durcissement des résines

Cette question a été traitée d'une façon remarquable par le Dr Eugène Schaal (1). Il a examiné les combinaisons que peuvent donner les acides provenant des résines avec les alcools plus ou moins élevés, les phénols, les naphtols, etc. et il a reconnu qu'il y avait élimination d'eau et formation de composés genre éthers et même de véritables éthers Ces corps ont la propriété d'être insolubles dans la soude, alors que les résines d'où ils dérivent sont en général très solubles.

Parmi ces éthers résiniques, certains sont des substances molles, d'autres sont au contraire très dures et leur emploi dans la fabrication des vernis présente un avantage marqué sur les résines naturelles. La séparation des substances molles peut se faire 1° par distillation dans le vide à 300-350° ; 2° par l'action d'un gaz inerte ; 3° par des dissolvants comme les alcools étendus : 4° par la vapeur d'eau surchauffée.

L'auteur a préconisé la chauffe des sels métalliques des acides résiniques avec des composés halo-

(1) Eug. Schaal. Brevet n° 164.486, 1884.

gènes ou à base de soufre, des phénols et substances homologues. Il est avantageux d'additionner d'acide acétique anhyde ou de glycérine : on obtient alors un mélange d'éthers.

Voici, par exemple, une application de la méthode au durcissement de la colophane : on chauffe pour chasser les produits volatils ; le résidu formé principalement d'acide résinique solide est additionné de 10 0/0 de glycérine. On continue à chauffer en brassant tant qu'il se dégage de la vapeur d'eau. On distille la matière brute qu'on peut séparer en résine molle et résine très dure.

Plus tard le Dr Schaall a indiqué comme préférable la séparation des parties molles uniquement après éthérification, sans séparation préalable par la distillation de la résine brute (1).

La dernière méthode recommandée est la suivante (2) : on fait couler lentement l'alcool ou le phénol dans les acides résineux ou résiniques chauffés ; on produit un vide partiel et on enlève la vapeur d'eau au fur et à mesure de sa formation, on évite ainsi les débordements tout en produisant l'éthérification rapidement ; à la distillation finale des éthers bruts, on fait usage de gaz inertes préalablement chauffés tout en introduisant lentement des solvants volatils (benzine ou essence de térébenthine). L'éther encore fondu on peut y ajouter des préparations siccatives. Comme on le voit cette dernière façon de procéder a dû être appliquée à la fabrication des copals fondus dont nous parlions plus haut.

(1) Certificat d'addition, 1886.
(2) Certificat d'addition, 1890.

Les sels que peuvent former les acides résiniques se ramollissent à températures plus élevées que les résines. C'est sur ce principe qu'est basé le brevet Zimmer (1) pour le durcissement des résines. Principalement, pour des raisons économiques le métal employé est le calcium, sous forme de chaux anhydre ou hydratée ou de carbonate de chaux ; on ajoute ces corps aux résines fondues, simplement ramollies ou dissoutes.

La revendication de la préparation de ces produits dénommés « résines durcies » date de l'année 1885 (2). L'auteur recommande d'opérer sur la résine fondue en employant 90 à 110 grammes de chaux par kgr. de résine. En dissolvant 1 partie de résine durcie fondue dans 1 partie d'huile cuite et ajoutant cette dissolution à une solution chaude de 150 gr. de soufre dans 250 gr. d'huile, on obtient, après refroidissement, est-il dit, une matière propre à remplacer le caoutchouc.

Dans un brevet plus récent (3), on retrouve exactement ce qui est indiqué dans le brevet Zimmer. Les proportions seules sont différentes :

Résine fondue ou dissoute. .   16 parties
Chaux hydratée   1   »
Soufre   1   »

Comme dans le brevet Schaal il est également recommandé d'opérer dans un vide partiel et d'enlever rapidement les vapeurs formées.

Actuellement, pour ce qui est des résines durcies,

(1) Zimmer. Brevet n° 162 098, 1884.
(2) Certificat d'addition, Avril 1885.
(3) Bäuner, Brevet 188227, 1888.

l'industrie des vernis utilise tout au moins une partie des travaux que nous venons de citer; mais on peut affirmer que chaque fabricant opère avec des méthodes qui lui sont propres et qu'il s'empresse de ne pas publier.

Cette question est d'ailleurs fort importante car le commerce des vernis communs se fait sur une échelle très grande et le plus léger perfectionnement joue un rôle considérable dans la faculté d'écoulement des produits fabriqués.

Les dissolvants

Ils peuvent très nettement se diviser en deux classes :

1° Les huiles végétales :

2° Les dissolvants volatils.

Les huiles végétales ne jouent pas seulement le rôle de dissolvants car elles donnent aux vernis gras des propriétés toutes spéciales sur lesquelles nous aurons à revenir quand nous aurons examiné la fabrication proprement dite des vernis.

Quant aux dissolvants volatils, la principale raison de leur emploi est qu'ils permettent d'amener la dissolution des gommes dans l'huile à un état de fluidité tel que le produit final obtenu puisse s'employer facilement au pinceau.

Alors que l'huile subit une modification profonde pendant le séchage et concourt largement à la qualité de la pellicule obtenue, le dissolvant volatil, au contraire, disparait d'une façon presque complète et même totalement dans le cas d'un grand nombre de dissolvants.

I Huiles végétales

Les huiles végétales appartiennent à la famille des corps gras proprement dits et sont considérées comme des éthers gras de la glycérine. On les divise en :

1° Huiles siccatives ;

2° Huiles non siccatives.

Les premières, même à la température ordinaire, absorbent très facilement l'oxygène de l'air et donnent comme produit final, dans un temps plus ou moins long, une masse solide et élastique.

Les huiles non siccatives, au contraire, dans les mêmes conditions, n'arrivent jamais à donner une masse solide: elles ne font qu'épaissir si l'action de l'air est prolongée pendant un temps suffisant. Pourtant M. Livache a montré qu'une élévation de température suffisait seule pour obtenir un produit analogue à celui fourni par les huiles siccatives (1).

Toutes les huiles grasses, que l'on rencontre principalement dans les semences et dans les graines de différents végétaux, sont insolubles dans l'eau et d'une densité inférieure à celle-ci A part l'huile de ricin, leur solubilité dans l'alcool, à la température ordinaire, est très faible.

Les acides gras combinés à la glycérine sont des acides saturés ou des acides non saturés; ces der-

(1) Comptes rendus à l'Académie des sciences, 1895.

niers jouent un rôle important au point de vue de la siccativité de l'huile, comme nous aurons occasion de le voir en étudiant l'huile de lin. Les acides que l'on peut rencontrer en combinaison dans les huiles végétales sont donc :

1° Ac. saturés du type $C^n H^{2n} O^2$ ac. stéariq. $C^{18} H^{36} O^2$

2° » non » » $C^n H^{2n-2} O^2$ » oléique $C^{18} H^{34} O^2$

3° » » » » $C^n H^{2n-4} O^2$

4° » » » » $C^n H^{2n-6} O^2$

Avant d'examiner les principales huiles qui sont employées ou qui peuvent avoir un emploi dans l'industrie des vernis gras, il convient de décrire rapidement les procédés employés pour la fabrication des huiles végétales. Pour les détails complémentaires nous renvoyons le lecteur au livre de M. Villon (1).

La première opération à faire subir aux graines est un nettoyage complet qui se fait d'ailleurs très aisément à l'aide d'un crible muni d'un aspirateur. Dans certains cas (amande, sésame, ricin, etc.), les graines sont en même temps nettoyées et décortiquées.

Les graines bien nettoyées sont soumises à l'opération du broyage qui s'exécute soit simplement à l'aide des meules verticales, soit avec un broyeur à force centrifuge, soit enfin avec un broyeur à cylindres (2 cylindres de diamètres différents).

La masse obtenue est chauffée à feu nu ou à la vapeur pour coaguler l'albumine et les matières mucilagineuses qui ôtent de la fluidité à l'huile.

(1) Villon, *Les corps gras.*

Pour extraire l'huile de cette masse il suffit d'opérer une pression énergique, ce qui, dans le plus grand nombre des huileries, se fait maintenant à l'aide de la presse hydraulique.

Les rendements en huile des différentes graines qui nous intéressent ici se trouvent dans le tableau suivant :

Colza (selon la provenance).	34	à 40	0/0
Lin (—).	27,45	à 36	»
Ravison	21	à 22	»
Coton (selon la provenance).	14	à 19	»
Chenevis		25	»
Œillette		40	»
Ricin		46	»

Les résidus de la pression, appelés *tourteaux*, contiennent encore une certaine quantité d'huile, de l'azote et des phosphates : ils servent comme engrais ou pour l'alimentation des bestiaux.

On peut encore traiter ces tourteaux par le sulfure de carbone ou la benzine pour en extraire l'huile qu'ils contiennent ; on opère dans un appareil à épuisement. Ce procédé s'applique également au traitement des graines, mais il donne des huiles colorées.

Les huiles de pression ont besoin d'être épurées : après un repos suffisant on les traite par une petite quantité d'acide sulfurique, et, malgré d'autres méthodes assez nombreuses, c'est encore le procédé à l'acide sulfurique qui est le plus employé.

Quant au blanchiment des huiles, il est obtenu à l'aide de différents réactifs chimiques : permanganate de potasse, bichromate de potasse, chlorure de chaux, etc. Mais les deux procédés les plus recommandables sont l'emploi de la chaleur ou l'action de la lumière.

Nous avons dit plus haut qu'il fallait considérer les huiles végétales comme des éthers gras de la glycérine. A côté de ces éthers on rencontre toujours une quantité plus ou moins grande de principes odorants et de principes colorés variant avec chaque nature de graines.

Toutes les huiles végétales sont des composés ne renfermant pas d'azote. Des analyses élémentaires faites par Chevreul et de Saussure nous extrayons les nombres suivants :

	C	H	O
Huile de lin....	76	11,3	12,7
» de noix...	79,7	10,5	9,1
» de ricin ..	74	11	14,7

L'huile la plus employée par les fabricants de vernis est l'huile de lin ; nous l'étudierons donc d'une façon toute spéciale ; et, à côté d'elle, une huile nouvelle ainsi que les différentes huiles siccatives ou non que l'on peut rencontrer dans l'huile de lin quand elle a été falsifiée ou mal fabriquée.

Huile de lin. — Le lin, qui est une plante d'origine asiatique, est cultivé maintenant dans différents pays de l'Europe. Les huiles préparées avec le lin du nord de la France sont d'une qualité excellente et sont particulièrement recherchées à des prix plus élevés que les autres huiles de lin.

Les principales huiles de lin dont nous avons pu faire l'examen, au point de vue analytique et au point de vue industriel, sont les suivantes :

1° *Huile de pays.* — Huile d'un jaune doré ; plus foncée que l'huile de Bombay. Conservée suffisamment en réservoir avant d'être mise en fabrication cette huile se travaille d'une façon remarquable, notamment pour la fabrication des huiles lithographiques. Elle donne des vernis souples et brillants.

2° *Huile de Bombay.* — Les différents types que nous avons eus étaient tous d'un jaune clair, d'un travail facile et c'est véritablement le type des bonnes huiles de lin courantes.

3° *Huile de Plata.* — Plus foncée que l'huile de Bombay, les résultats industriels obtenus avec quelques types de cette huile nous ont paru inférieurs à ceux obtenus avec l'huile de Bombay.

4° *Huile d'Azof.* — D'un jaune doré, un peu plus foncée que l'huile de Bombay, l'huile d'Azof peut convenir dans beaucoup de cas et donne des résultats très sensiblement analogues à ceux obtenus avec l'huile de Bombay.

5° *Huile de Riga.* — Très colorée en jaune foncé, nous en avons eu deux types : un de graines brutes et l'autre de graines nettoyées. Ce dernier nous a donné, comme on le verra plus loin, des résultats analytiques très intéressants. L'huile est très brillante et d'une clarté absolue.

Nous en avons eu une trop faible quantité pour pouvoir faire un essai industriel.

6° *Huile de la Mayenne.* — Peu colorée, les résultats analytiques ne se sont rapportés en rien aux résultats courants. A la cuisson cette huile nous a donné de très mauvais résultats.

7° *Huile de Californie.* — Nous n'avons eu qu'un petit échantillon qui nous a donné de très bons résultats analytiques.

L'huile de lin, quelle que soit l'origine des graines, est un liquide mobile dont la densité varie d'après les différents auteurs entre 0,932 et 0,939.

Pour les divers types d'huile de lin dont nous venons de parler, nous avons trouvé les densités suivantes, en employant la balance de Mohr et en ramenant la densité à 15° par l'emploi de la formule :

$$D_{15} = D_t + 0,00064\,(t - 15).$$

Huile de lin de Bombay...	D_{15} =	0,928 à 0,933
— d'Azof.......	» =	0,933
— de Plata	» =	0,931
— de pays......	» =	0,930 à 0,934
— de Riga......	» =	0,935
— de Californie .	» =	0,933
— de la Mayenne.	» =	0,9255

La solubilité dans l'alcool est assez faible à froid (1 partie dans 40 parties d'alcool), mais elle augmente considérablement dans l'alcool bouillant (une partie dans 5 d'alcool bouillant).

A 27° au-dessous de 0 il y a congélation de l'huile en une masse jaune clair.

Les acides gras, obtenus par saponification alcaline, fondent à 23°.

Les huiles, selon leur origine, étant siccatives ou non, sans que leurs compositions élémentaires changent beaucoup, on a publié toute une série de travaux pour expliquer ce phénomène, ce qui a permis de mettre en lumière la constitution de ces corps gras particuliers.

Les premiers travaux sont dus à Mulder. L'huile de lin, sur laquelle ont principalement porté ses études, était pour lui un glycéride dans lequel il avait reconnu les acides solides suivants :

$$\text{Acide laurique} \ldots\ldots \quad C^{12}H^{24}O^2$$
(Aiguilles fusibles à 43°6. Bout à 225°
sous une pression de 100 m/m).

$$\text{Acide myristique} \ldots \quad C^{14}H^{28}O^2$$
(Feuillets; fond à 53°8, bout à 248°
sous une pression de 100 m/m).

$$\text{Acide palmitique} \ldots \quad C^{16}H^{32}O^2$$
(Lames; fond à 62°, bout à 268° sous
une pression de 100 m/m).

et enfin un acide liquide non saturé appelé par lui acide *linoléique*, et auquel il donne la formule $C^{16}H^{28}O^2$.

MM. Hasura et Bauer ont examiné d'une façon très complète les acides gras non saturés ; ils ont utilisé l'action du brome pour fixer la constitution et ont obtenu deux types d'acides qu'ils ont appelé :

1° Acide linoléique.   .   .   . $C^{18}H^{32}O^2$
2° Acide linolénique   .   .   . $C^{18}H^{30}O^2$

Le second est susceptible de fixer six atomes de brome ou d'iode et le premier quatre. En solution alcoolique, le permanganate les oxyde et donne : avec le premier, de l'acide *sativique* $C^{18}H^{32}O^2 (OH)^4$, et avec le second de l'acide *linusique* $C^{18}H^{30}O^2 (OH)^6$. Dans les mêmes conditions, l'acide oléique fournit de l'acide dioxystéarique $C^{18}H^{34}O^2 (OH)^2$.

De tous ces travaux on peut donc conclure que

l'huile de lin est un glycéride de différents acides gras et l'on admet ceux-ci dans les proportions suivantes :

Acide oléique..................... 5
— linoléique............... 15
— linolénique et isolinolénique 80

Ces acides à valances non satisfaites sont très aptes à absorber l'oxygène, d'autant mieux qu'ils contiennent un plus grand nombre de valances : comme l'huile de lin renferme 80 0/0 d'acides à six valances non satisfaites, on comprend aisément pourquoi cette huile est une des plus siccatives.

Les travaux de Hasura et Bauer ont permis d'établir que pendant l'oxydation d'une huile siccative l'oxygène qui était absorbé satisfaisait les valances libres et substituait en même temps des groupes oxhydryles a des atomes d'hydrogène de façon à fournir des groupements alcooliques.

L'oxydation des différents acides et celle des sels qu'ils peuvent former se fait de la même façon ; et l'oxydation porte uniquement sur les acides linoléique et linolénique, car on constate que l'oxydation à l'air de l'acide oléique ne fournit pas de corps solide. La première action dans le phénomène d'oxydation des huiles se porte sur la glycérine.

Le produit solide résultant de l'oxydation complète de l'huile a été appelé par Mulder *linoxine*. M. Livache a repris d'une façon très complète l'étude de ce produit solide et voici, rapidement résumées, les conclusions auxquelles il est arrivé : la linoxine est une masse solide, sèche, sur laquelle les dissolvants n'ont d'action qu'après un temps prolongé ; il

y a alors gonflement et une faible partie entre en
solution ; la partie insoluble est élastique, mais
friable ; le liquide évaporé donne au contraire un
produit se ramolissant facilement et happant au
doigt.

Le produit d'oxydation de l'huile est dù à l'action
de l'oxygène, et on s'en rend aisément compte en
opérant dans un récipient contenant une quantité
d'air limité : il y a disparition de l'oxygène et une
augmentation du poids proportionnel à l'oxygène
disparu.

La température et la lumière ont une action très
marquée sur la marche du phénomène ; dans l'obscurité l'oxydation est lente à partir.

L'oxydation de l'acide linoléique se fait fort lentement, et la formation de linoxine demande plusieurs
mois ; l'oxydation partielle première, très rapide,
donne un produit visqueux, l'acide *linoxique*, produit
intermédiaire, qui s'oxyde ultérieurement pour donner la linoxine.

Le sel de plomb de l'acide linoléique, évaporé de
sa solution éthérée, en couche mince, donne un produit dur et cassant, qui, décomposé en solution
alcoolique par l'hydrogène sulfuré, fournit par précipitation, au moyen de l'eau, de l'acide linoxique
blanc et visqueux. En chassant l'alcool par la chaleur
le résidu visqueux, de même composition, est rouge
sang : il y a donc 2 états de l'acide linoxique.

Tous ces faits sont résumés ainsi par M. Livache (1).

____

(1) Livache, *Comptes rendus*, 1895, *Vernis et huiles siccatives*, 1896.

« 1° L'acide linoléique, combiné avec la glycérine à l'état de linoléine, donne progressivement, en un temps plus ou moins long, la linoxine, corps solide et élastique, base des couleurs et des vernis gras.

« 2° L'acide linoléique donne assez rapidement un composé visqueux, l'acide linoxique, qui se transforme ensuite en linoxine, mais dans un temps beaucoup plus long que dans le cas précédent.

« 3° L'acide linoléique, combiné avec l'oxyde de plomb, durcit assez rapidement, par suite de formation de linoxate de plomb, mais ce produit se transforme ensuite en un produit friable et cassant ».

Il en résulte : 1° que l'action de l'oxygène doit être portée sur la linoléine ; 2° éviter la présence d'acide linoléique ; 3° éviter également la présence de linoléate de plomb.

Nous étudierons plus loin les procédés qui permettent d'augmenter la siccativité de l'huile de lin.

On a pu remarquer que M. Livache n'a pas tenu compte des travaux de M. Bauer et Hasura sur les différents acides gras incomplets : il fait d'ailleurs remarquer que Reformbasky a contesté les travaux en question.

Huile d'éleococca. — On la donne comme de beaucoup la plus siccative des huiles connues. Pourtant, les essais que nous avons faits sur des types de différentes provenances et même sur les huiles purifiées que certains fabricants allemands offrent maintenant ne nous ont pas permis d'arriver à la même conclusion. M. Livache dit que cette huile, étendue en couche mince sur une lame de verre, sèche en quelques heures.

Etendues au pinceau, en couches minces, sur un panneau, les huiles d'éleococca que nous avons essayées ont mis 41 heures pour donner une pellicule sèche ; dans les mêmes conditions, l'huile de lin de Bombay a mis 46 à 48 heures.

La première étude a été faite par Cloez. M. Ferdinand Jean (1) en a fait une étude complète et a donné ses principaux caractères :

$$D \text{ à } 15^o = 0.940$$
$$\text{Point d'inflammation} = 260^o$$
$$\text{Acidité en } SO^4H^2 \quad 0,784 \text{ 0/0}$$

Nous avons trouvé les densités 0.941 et 0.940 pour l'huile brute et purifiée.

D'un jaune d'or, cette huile n'est pas très limpide, sauf toutefois pour les échantillons d'huile purifiée que nous avons eus ; l'huile brute après un très long repos devient claire.

D'après des renseignements parvenus au ministère du commerce, on estime la production annuelle et actuelle en Chine à 1.800 ou 2.400 tonnes. Cette huile est produite par l'arbre à huile de la Chine et de la Cochinchine. On l'obtient par pression à froid des graines décortiquées ; le rendement en huile est d'environ 35 0/0. Différents arbres de la famille des diptérocarpées, donnent, en Cochinchine, des huiles découlant d'incisions faites sur ces arbres. Ce ne sont pas des huiles comparables à l'huile d'éleococca.

De l'avis général, cette huile parait présenter un grand intérêt, mais il convient d'examiner les condi-

(1) *Revue de Chimie Industrielle*, juin 1898.

tions dans lesquelles elle peut rendre industriellement des services.

Huile de ricin. — On l'extrait du ricin commun,
(famille des Euphorbiacées) ; les Anglais la nomme
castor oil. Sa densité est, d'après divers auteurs, 0.969,
0.961 ou 0.964. Elle est très épaisse et complètement
soluble dans l'alcool, ce qui est un caractère très net
vis-à-vis des autres huiles.

Elle est congelée à 18° au dessous de 0 ; les acides
gras de saponification fondent à 12° et se solidifient
à 4°.

Comme on peut l'obtenir tout à fait blanche et que
c'est une huile siccative on l'emploie quelquefois
pour fabriquer certains vernis très peu colorés.

L'extraction de l'huile des graines de ricin se fait
par pression et à froid.

Huile de coton. — En général cette huile est
classée parmi les huiles non siccatives (1) ; pourtant
M. Livache la range parmi les huiles siccatives. Les
graines du cotonnier, après tamisage, sont égrenées
à la machine pour séparer le coton ; les cosses décortiquées donnent les graines fournissant l'huile par
pression.

On obtient pour 1.000 kgs. de graines de coton :

Coton en fibres....	10 k.
Cosses	490 »
Tourteaux.......	375 »
Huile	135 »

(1) Théodore Chateau, *Corps gras industriels*.
A. M. Villon, *Les corps gras*.

L'huile de coton raffinée est un liquide d'un jaune pâle, bien plus clair que l'huile de lin de Bombay.

La densité est à 15° : 0.9306 (Château), 0.922 (Millau).

Nous avons trouvé sur une huile parfaitement raffinée 0,925. L'huile brute est plus dense (0,928 à 0,932).

Les acides gras de l'huile de coton fondent entre 39° et 37°5 ; cette huile ne dévie pas le plan de polarisation. 1 partie d'huile se dissout dans 10 parties d'alcool.

Comme l'huile de coton est légèrement siccative elle sert à falsifier l'huile de lin. Depuis que cette dernière est à des cours si élevés on remarque que les entrées d'huile de coton en France augmentent considérablement. On l'utilise surtout en savonnerie et un peu en pharmacie.

Huile de Chenevis. — On l'obtient en pressant les graines des pieds femelles du chanvre cultivé. Elle est d'un jaune verdâtre foncé. Sa densité à 15° est 0.925, d'après tous les auteurs.

Elle est soluble dans 30 parties d'alcool froid. Elle est épaisse à — 16°, mais ne se solidifie qu'à — 27°5.

Les acides gras qu'on en retire sont :

Acide linoléique....	70
Acides linoléniques..	15
» oléique.....	15

Elle est peu siccative, bien que rangée dans la classe des huiles siccatives.

Huile d'œillette. — Extraite des graines de pavot,

plante originaire de l'orient, c'est une huile d'un jaune clair doré ; sa densité à 15° est 0,924 ; elle se solidifie à — 20°. Les acides gras de celte huile se solidifient à 16° et fondent à 20° 5.

L'huile de première extraction, dite *huile blanche*, est à peine colorée ; celle de seconde pression, assez foncée, est appelée *huile rousse*. L'huile d'œillette se dissout dans **25** parties d'alcool froid.

Huile de colza. — D'un jaune foncé, elle est extraite des graines du colza ou *choux oléifère*, ce qui fait qu'on l'appelle vulgairement *huile de choux*. C'est une huile non siccative, qui se compose de 46 parties de stéarine contre 54 d'oléine.

Sa densité est de 0,9136 (nous avons trouvé sur un échantillon d'huile de colza pure $D_{15} = 0,915$). Elle est très peu soluble dans l'alcool et se congèle à — 6°.

Huile de ravison. — Le ravison est une plante sauvage, et on rencontre souvent des graines de ravison dans les graines de lin, surtout dans les lins d'Azof ; comme l'huile de ravison est une huile non siccative il convient d'examiner particulièrement les huiles de lin d'Azof.

L'huile de ravison sert surtout à l'éclairage et la fabrication des savons verts ; mais on la rencontre dans les huiles de colza et de lin qu'elle sert à falsifier.

Huile de cameline. — La cameline, ou sésame d'Allemagne, est une plante originaire d'Asie, dont les semences très fines contiennent une huile fixe, en assez grande quantité. 1.000 kgs de graines donnent

300 kgs d'huile. Cette huile est d'un jaune d'or, elle se congèle à — 18° et sa densité est égale à 0,925. On la range dans les huiles non siccatives.

Huile de poissons. — C'est une huile animale, dont nous parlons ici parce que nous avons rencontré certaines huiles de lin qui en contenaient. On obtient l'huile de poisson par macération et compression des foies de plusieurs poissons : sardine, hareng, merlan, raie, thon, lamproie, etc.

L'huile de poissons courante dans le commerce est rouge brun ; sa densité à 30° est 0,927 ; nous avons trouvé $D_{15} = 0,926$.

Son odeur est forte et repoussante. Son principal emploi est en tannerie.

Huile de noix. — Les noix, conservées plusieurs mois après la récolte, peuvent donner par première expression une huile comestible, particulièrement appréciée dans certains pays ; une expression des tourteaux délayés à l'eau chaude donne une huile qui est assez siccative car elle contient, d'après Villon (1) :

Acide oléique......................	7
Acide linoléique	80
Acides linolénique et isolinolénique..	13

On a proposé son emploi pour la peinture et la fabrication des vernis, mais nous ne pensons pas qu'il en soit fait grand usage. Sa densité à 15° est 0,927.

Huile de bancoul. — Cette huile est obtenue

(1) *Les corps gras*, page 152.

par ébullition aqueuse des noix de bancoul, fruit du bancoulier que l'on rencontre surtout dans les îles des mers de l'Inde. Les noix de bancoulier contiennent jusqu'à 60 pour 100 d'une huile très estimée dans les pays d'origine.

L'huile de bancoul est d'un beau jaune d'or, très brillante et bien siccative. Etendue en couche mince nous avons constaté qu'elle séchait complètement en 50 heures. Elle est donc moins siccative que l'huile d'eleococca.

On l'a proposée pour la fabrication des vernis ; nous n'avons pas eu occasion de l'employer, mais à ses caractères généraux nous pensons qu'elle présente les mêmes difficultés d'emploi que l'huile d'eleococca.

Huile simili-lin. — Les prix excessifs auxquels sont arrivés les huiles de lin (en 1900 elles ont été à un prix double du prix normal) ont incité certains industriels à présenter des huiles dites *simili-lin*. Ce sont des huiles de bois, bien rectifiées, ce qui permet de les avoir très peu colorées. Les fabricants qualifient pompeusement leur fabrication de « découverte merveilleuse » et déclarent que l'huile simili-lin peut remplacer l'huile de lin dans toútes ses applications. La densité à 15^0 est 0,979, très supérieure à celle de l'huile de lin.

Les quelques essais que nous avons faits ne nous permettent pas de conclure dans le même sens.

Analyse des huiles

L'examen des huiles comporte deux parties.
1° L'examen physique.
2° » chimique.

Les caractères physiques sont : la densité, l'indice de réfraction, le pouvoir rotatoire, le degré de fluidité.

Dans un article paru sur l'analyse des huiles M. Tixier (1) n'accorde qu'une confiance limitée à l'examen chimique, mais il prétend que l'examen physique, réduit aux trois premiers caractères, plus l'examen physico chimique connu sous le nom de *détermination du degré Maumené*, suffisent à « déterminer la pureté d'une huile et la nature d'un mélange ». Nous avons pu reconnaître, par une longue pratique, que l'examen chimique donnait d'excellents résultats.

Examen physique.— La détermination des densités se fait très aisément et nous avons déjà donné, à propos de chaque huile, toute une série de chiffres.

Le *pouvoir rotatoire* se détermine à l'aide du polarimètre de Laurent. On opère sur 20 cc. d'huile, filtrée et décolorée s'il y a lieu. Pour obtenir la décoloration on maintient l'huile en solution éthérée, on filtre sur le noir et on chasse ensuite l'éther par la chaleur. Voici les nombres donnés par M. Tixier :

(1) Sur l'analyse des huiles, Moniteur scientifique, janvier 1900, pages 16 à 24.

	Rotation degrés polarimétriques
Huile de cameline. . . .	— 0.7
— de chénevis	— 0.7
— de colza.	— 1.3
— de colza (1). . . .	— 1.2
— de colza (2). . . .	— 1
— de coton.	— 1.3
— de lin	0
— de lin (3)	— 0.1
— d'œillette	— 0.5 à — 0.7
— de ricin.	+ 38.5 à + 48
—· de poissons	0

Donc, à part l'huile de lin et l'huile de poissons, toutes les huiles dont nous avons parlé ont une rotation polarimétrique.

La détermination de l'*indice de réfraction* se fait très rapidement à l'aide du réfractomètre de M. Fery, appareil très pratique. L'oleoréfractomètre de MM. Ferdinand Jean et Amagat est également d'un usage commode.

	Indice de réfraction N^{15}		Déviation à l'oléorefracto- mètre
Huile de cameline...	1.4806		+ 43
— de chénevis ...	1.48206		+ 46
— de colza.......	1.47422		+ 18
— de colza (1) ...	1.47548		+ 19
— de colza (2) ...	1.47570		?
— de coton......	?		?
— de lin.........	1.48285		+ 52
— de lin (3)	1.48100		?
— d'œillette	1.48310		+ 50
— de poissons...	1.48035 à 1.48095		+ 40 à + 42.5
— de ricin.......	1.47588 à 1.47941		+ 24 à + 37

(1) Falsifiée au ravison.
(2) Falsifiée à la cameline.
(3) Falsifiée au ravison.

La *viscosité* varie nécessairement avec la température à laquelle on fait l'expérience. En principe, on mesure, à température constante, la quantité d'huile qui s'écoule, par un espace annulaire de dimensions connues et petites, pendant un temps déterminé. Un des appareils les plus employés pour cette détermination est l'*ixomètre* de Barbey. Avec cet appareil on détermine le nombre de centimètres cubes d'huile s'écoulant pendant 10 minutes à la température de 35°. Nous avons trouvé sur 3 huiles de lin :

Huile de lin de Bombay . . . 182
— de lin de pays A. . . . 200
— de lin de pays B. . . . 197.5

Examen chimique. — On a décrit toute une série de réactions colorées et le lecteur pourra trouver une marche systématique dans l'ouvrage de Th. Château (1). Il nous est absolument impossible d'entrer dans les détails de ces réactions qui sont fort délicates parfois et pas toujours très nettes. A part la méthode proposée par Château il existe toute une série de réactifs (Poutet, Hauchecorne, Labiche, etc.) La méthode générale d'emploi de tous ces réactifs se trouve dans l'ouvrage de M. Halphen (2).

Les essais chimiques que nous pratiquons couramment sur les huiles sont : la détermination du degré Maumené et l'absorption d'iode. Avant d'entrer dans le détail de ces essais il est bon d'en signaler quelques-uns intéressants mais tombés dans l'oubli ou pas assez nettement décrits.

(1) Corps gras industriels.
(2) Pratique des essais commerciaux, 2e volume.

Th. Chateau avait proposé l'étude de la solubilité des huiles dans l'alcool éthérisé. En dressant une table de solubilité des différentes huiles dans l'alcool à 10 0/0 d'éther, il pensait qu'on pourrait avoir ainsi le moyen de se rendre compte de la pureté d'une huile en traitant un volume connu d'huile par un volume connu d'alcool éthérisé et en lisant le volume qui se sépare après agitation.

L'étude de la solubilité dans l'alcool a été reprise par M. Tixier qui fait observer qu'à côté du noyau **gras** constituant principalement l'huile, et généralement peu soluble dans l'alcool, on rencontre des acides libres, des matières colorantes etc., au contraire généralement très solubles dans l'alcool. Ce qui **fait** considérer 2 solubilités : une solubilité *initiale* et **une** solubilité *finale*. Par épuisements successifs à l'alcool on arrive à une solubilité stationnaire (les chiffres s'obtiennent en évaporant la solution alcoolique après chaque traitement). Nous extrayons quelques nombres de ceux fournis par M. Tixier :

	Grammes d'huile dissous pour 100 cc. d'alcool à 90°	
	solubilité initiale	solubilité finale
Huile de cameline .	2.53	0.30
— de chènevis..	1.30	0.27
— de colza . . .	0.37	0.08
— de lin	0.85	0.26
— d'œillette . .	3.81	0.82
— de ricin . . .	∞	∞

L'action de l'eau oxygénée a été étudiée par M. Hauchechorne : les réactions qu'il a données sont peu nombreuses. Le permanganate de potasse est réduit par les huiles. Pour décolorer un volume de permanganate, il faut :

Huile de colza . . .	190
— de lin	100
— de chènevis . .	283

Les nombres obtenus sont si différents que cette méthode mise au point rendrait certainement des services.

Examinons maintenant la détermination des facteurs dont nous avons parlé plus haut :

1° *Degré Maumene*. — C'est l'échauffement que donne l'adjonction d'acide sulfurique. Cet échauffement varie avec le degré de concentration de l'acide employé. Voici comment il convient d'opérer : dans un verre à pied taré on introduit 50 grammes d'huile, puis on verse le long des parois du verre 20 grammes d'acide sulfurique à 66°. On agite rapidement à l'aide d'un thermomètre et on lit fréquemment la température indiquée. On note la température maxima et on en retranche la température initiale de l'huile ; le nombre obtenu est le degré Maumené. Les nombres donnés pour l'huile de lin sont toujours *supérieurs* à 100 ; mais, malgré de nombreux essais, nous avons toujours obtenu des nombres *inférieurs* à 100. Voici d'ailleurs des chiffres pris à différentes sources déjà citées :

Huiles	Déter-minés	Li-vache	Hal-phen	Villon	Tixier
			D'après		
de lin de Bombay..	94	111	133	133	120
de lin d'Azof	92	?	?	?	?
de lin de Plata	90	?	?	?	?
de lin de Riga.....	98	?	?	?	?
de lin de pays.....	96	?	?	?	?
d'éleococca	95	?	?	?	?
— purifiée .	95	?	?	?	?
de coton...........	70	52	55	?	60
de poissons........	91	?	?	?	75 à 123
de colza	49	?	58	?	56
d'œillette	67	80	86	70	108 à 155
de chénevis........	80	?	98	98	?
simili-lin..........	14	?	?	?	?

On peut voir combien sont variables les chiffres fournis. Nous avons placé les chiffres relatifs à l'huile de lin à côté de l'huile de Bombay mais, en réalité, aucun des quatre auteurs cités n'indique l'origine de la graine.

On remarquera, qu'exception faite pour l'huile de poissons, toutes les autres huiles essayées ont un degré Maumené très nettement inférieur à celui de l'huile de lin. Il est d'ailleurs très facile de décéler la présence d'huile de poissons qui noircit sous l'action du chlore ; ce qui n'a pas lieu avec l'huile de lin.

M Tixier, faisant remarquer qu'avec les huiles siccatives le dégagement d'acide sulfureux absorbe une partie de la chaleur, propose d'ajouter dans ce cas un poids égal d'huile minérale et de multiplier par 2 le nombre trouvé. Nous avons opéré ainsi sur plusieurs huiles et voici les résultats que nous avons obtenus :

	Acide sulfurique 66° pur du commerce	Acide sulfurique 66° chimiquement pur	Avec huile minérale
Huiles de lin			
de pays......	96	95	
de Bombay...	94	93	84
de Riga......	97	93	82
de coton.....	70	73	82
de chénevis..	80	»	92
d'œillette	67	»	76
de colza......	49	50	»

L'essai avec l'huile allongée d'huile minérale se fait plus rapidement, sans débordement et sans dégagement sensible d'acide sulfureux, mais il nous paraît préférable, en raison des divergences constatées, d'opérer simplement comme il a été dit plus haut.

2° *Absorption d'iode*. La détermination de ce facteur, est, à notre avis, la plus intéressante à faire. On verra, par les chiffres fort nombreux que nous fournirons, qu'aucune huile ne donne un nombre aussi élevé que celui obtenu avec l'huile de lin. De plus, le chiffre de l'absorption d'iode est en rapport avec le nombre de valances libres que l'on rencontre dans les acides gras non saturés et nous avons montré l'importance qu'il fallait attacher à la présence de ces acides non saturés au point de vue de la siccativité des huiles.

Pour avoir des nombres exactement comparables entre eux il est nécessaire de toujours opérer dans les mêmes conditions.

C'est pour cela que nous commençons par indiquer très exactement la méthode que nous employons (1).

On pèse sur un verre de montre 0 gr. 300 d'huile, s'il s'agit d'une huile siccative, 0 gr. 500 dans le cas d'une huile non siccative, et l'on fait passer cette quantité d'huile dans un flacon bouché à l'émeri de 250 cc. à l'aide de 10 cc. de chloroforme. On ajoute 20 cc. d'une solution alcoolique d'iode contenant :

Iode bi-sublimé..   25 gr.

Alcool à 95°.....   500 cc.

Puis 20 cc. d'une solution alcoolique de bichlorure de mercure à 60 grammes par litre.

Pour chaque série d'analyses on mélange dans un flacon semblable à ceux servant pour les huiles : 10 cc. de chloroforme, 20 cc. de la solution d'iode et 20 cc. de la solution de bichlorure de mercure.

Après 2 heures de contact, pendant lesquelles on agite les flacons de temps à autre, on verse 25 cc. d'une solution d'iodure de potassium pur à 10 pour 100 et 100 cc. d'eau distillée, puis on titre l'iode libre restant dans chacun des essais au moyen d'une solution décinormale d'hyposulfite de soude ; solution ajoutée à l'aide d'une burette jusqu'à décoloration complète en présence d'empois d'amidon.

Nous appellerons N le nombre de centimètres cubes nécessaires pour l'essai sans huile et n celui demandé pour les essais avec de l'huile. Pour chaque essai d'huile la quantité d'iode absorbé est égale à $(N-n) \times 0.0127$. On ramène à 100 en multipliant par

____

(1) C'est la méthode indiquée dans la *Pratique des essais commerciaux* d'Halphen.

100 et en divisant par 0.3 ou 0.5 selon que l'on a employé 0 gr. 3 ou 0 gr. 5 d'huile.

Il est nécessaire de mesurer très exactement la quantité d'iode employée. Comme la solution alcoolique d'iode descend assez lentement dans la burette, nous amenons le volume à 20 cc. puis nous attendons une minute et affleurons à nouveau à 20 cc. ; en opérant ainsi on a des quantités exactement semblables pour tous les essais et l'essai-type.

Beaucoup d'auteurs prétendent que cet essai ne donne pas des nombres certains et n'attachent pas grande importance à sa détermination. Pourtant, en opérant sur des huiles bien définies, on obtient des nombres très constants, pour une même huile, à condition toutefois de déterminer l'origine des graines. L'huile de lin, qui nous intéresse particulièrement ici, contient souvent de l'huile de ravison et la détermination de l'absorption d'iode d'une pareille huile conduira à un nombre trop faible De même les huiles de lin de pays et les huiles de lin de Bombay donnent des nombres très différents.

Nous avons déterminé le nombre d'iode sur plus de 30 échantillons (dont un grand nombre de différents fabricants) et nous n'avons jamais trouvé un chiffre inférieur à 160 ; nous résumons d'ailleurs dans le tableau suivant les absorptions d'iode d'un certain nombre d'huiles de lin de Bombay :

Provenance (1)	Absorption d'iode	
Douai......	170	à 172.7
Arras......	171.8	
Marseille...	176.1	
Paris.......	160	à 171
Lille.......	175.8	

Il est évident que ces chiffres sont assez variables, mais le plus faible de tous est encore très supérieur aux nombres que l'on trouve avec les autres huiles. Dans le tableau suivant nous indiquons les nombres que nous avons trouvés sur des huiles de lin de différentes graines :

Lin de pays A....	176.5 à 176.9
Lin de pays B....	173 à 175
Lin de Riga......	176.6 à 180
Lin de Californie.	180.4
Lin d'Azof.......	176.5 à 176.9
Lin de Plata.....	161.2 à 161.7
Lin de Mayenne..	132.9

Cette huile de lin de Mayenne nous avait également donné une densité très faible et un degré Maumené anormal; nous devons ajouter qu'elle s'était également très mal comportée en fabrication. S'il nous était resté de cette huile, nous l'aurions examinée au point de vue des réactions colorées et nous sommes persuadé que nous aurions pu conclure à une huile autre que l'huile de lin.

Voici également résumé, dans un tableau les chiffres que nous avons trouvés et ceux qui ont été fournis par différents auteurs.

(1) Lieux de résidence des fournisseurs de l'huile analysée.

Huile	Nombres déterminés	Nombres d'après Halphen (1)	Nombres d'après Villon (2)
de colza......	100.8 à 101.8	96.3 à 99	100 (Hübl)
d'eleococca....	168.2 à 169.3	?	?
— purifiée...	167.8 à 169	?	?
d'œillette.....	138.4 à 138.8	130.5 à 136	136 (Hübl)
de chénevis..	154.7 à 155.7	122.2 à 127	143 (Hübl)
de poissons..	134.3 à 136.7	?	?
de coton.....	107.4 à 108	106 à 110.7	108.7
de cameline..	138.4 à 139.7	132.6	132.6
de ravison ...	123.4 à 124.6	?	?
de navette de Plata.......	101,4 à 101.6	102.9 à 103.6	103.6
de pavot des Indes.......	138.1 à 138.4	?	134
de Bancoul...	156.2	?	?
simili lin.....	67.3	?	?

Nous donnons les nombres extrêmes que nous avons obtenus avec la même huile, mais à des époques différentes et avec des solutions titrées différentes.

Nous avons essayé de déterminer quelle influence produisaient sur le résultat les différentes variations apportées dans la façon d'opérer :

1° *Influence du temps.* Sur une même huile de lin, nous avons fait les titrages après des temps de contact très variables, et nous avons trouvé :

	n	N	Absorption d'iode.
Après 1/2 d'heure de contact.	39 cc. 9	77 cc. 5	159.2
» 1 heure » »	36 cc. 9	74 cc. 8	160.4
» 2 heures » »	36 cc.	73 cc. 8	160
» 8 » » »	33 cc. 8	71 cc. 7	160.4

(1) La pratique des essais commerciaux.
(2) Les corps gras.

On peut donc dire que le temps de contact n'a pas d'influence sur l'absorption qui se fait très rapidement. De même il n'y a aucune nécessité de mesurer exactement la quantité de chloroforme employée : nous avons trouvé 160 avec 10 cc. de chloroforme et 162 avec 30 cc.

Influence du bichlorure de mercure. Il y a lieu de mesurer exactement cette dissolution : A mesure que l'on diminue la quantité de bichlorure de mercure on abaisse très sensiblement le chiffre d'iode : Voici les résultats obtenus avec une même huile. N a été déterminé une fois pour toutes avec 20 cc. de bichlorure de mercure.

Avec :	n	N	Absorption d'iode
20 cc. de bichlorure de mercure	36 cc. »	73 cc. 8	160
15 cc. — —	37 cc. 1	73 cc. 8	155.4
10 cc. — —	38 cc. 7	73 cc. 8	148.6
5 cc. — —	41 cc. 5	73 cc. 8	137
Sans bichlorure de mercure...	54 cc. 9	73 cc. 8	87 5

En plaçant le flacon type dans les mêmes conditions pour 5 cc. de bichlorure on trouve N = 77 cc., soit un nombre d'iode = à 149.7 et pour 0 cc. de bichlorure de mercure N = 76 cc. 9, soit un nombre d'iode = à 93.1.

On voit donc qu'il convient surtout, pour obtenir des résultats concordants, de mettre dans les différents essais des quantités égales et parfaitement mesurées de la solution de bichlorure de mercure.

3° *Indice brôme-soude.* La méthode est due à M. Halphen. Les quelques déterminations que nous avons faites nous ayant paru donner des chiffres peu concordants, nous n'avons pas continué à déterminer couramment l'indice brôme-soude ; il paraitrait néanmoins que l'on peut obtenir d'excellents résultats. Voici comment il est recommandé d'opérer : saponifier au bain-marie 20 cc. d'huile par 20 cc. de soude à 36° B, en ajoutant 20 cc. d'alcool. Dissoudre le savon alcalin dans l'eau bouillante et en séparer les acides gras par adjonction de 60 cc. d'acide sulfurique à 10 0/0 en volume. On opère dans un ballon de 250 cc. et on amène les acides dans le col par affusion d'eau chaude. Si la couche d'acides gras n'est pas liquide, on la chauffe légèrement à l'aide d'un bec Bunsen. On pèse sur un verre de montre 1 gramme des acides gras ; on les introduit, à l'aide de 10 cc. de sulfure de carbone, dans un flacon de 250 cc. bien bouché, puis on ajoute 100 cc. d'eau. A l'aide d'une burette graduée, on ajoute 20 cc. d'une solution renfermant 19 cc. de brôme dans 1.000 cc. de sulfure de carbone. Après 12 heures de contact on titre le brôme au moyen d'une solution deminormale de soude, en employant comme indicateur une solution aqueuse d'éosine à 1 0/0. En même temps, on fait un titrage du brôme dans un flacon contenant 20 cc. de sulfure de carbone brômé et 100 cc. d'eau.

Le terme de la réaction est indiqué par une coloration rose que l'on saisit assez nettement pour les essais contenant l'huile, mais plus difficilement pour l'essai à blanc qui ne donne pas un terme net de passage.

n = nombre de cc. de soude pour l'essai contenant l'huile.

N = nombre de cc. de soude pour l'essai à blanc.

$$\text{Indice brôme-soude} = \frac{100\ n}{N}$$

Nous n'avons pas trouvé, dans les ouvrages, de nombres pour l'huile de lin. Voici les nombres que nous avons obtenus, en opérant sur des huiles de lin de provenances diverses :

Huiles	Provenances (1)	Indices Brôme-Soude
Lin de Bombay. —	La Fère	18.8
—	— Marseille........	11
—	— Arras...........	8.3
—	— Paris	9.8
—	— Lille...........	21.6
Lin de Pays.	— Lille...........	20.9
—	— Arras...........	6.9
Lin de Riga.	— »	8.8
Lin de Plata.	— »	9

C'est la difficulté de saisir nettement le terme de la réaction qui nous a le plus gêné dans l'emploi de cette méthode.

4° *Essai au plomb précipité.* — Cet essai, indiqué par M. Livache, consiste à mesurer l'augmentation de poids des huiles au contact de l'air et en présence du plomb précipité.

On obtient ce plomb précipité en plongeant une lame de zinc dans une solution au 1/10 de nitrate de plomb, solution légèrement acide. On lave 2 ou 3 fois à l'eau distillée le précipité formé, puis on le jette sur un entonnoir garni d'un tampon en coton de verre.

(1) Lieux de résidence des fournisseurs.

Après lavages à l'alcool et à l'éther, on dessèche sous
une cloche à acide sulfurique pendant 2 ou 3 jours.
Abandonné quelques heures à l'air libre, le plomb
précipité ne doit pas accuser de différences de poids
pour 2 pesées faites à 1 heure d'intervalle.

Le plomb ainsi obtenu est étalé sur un verre de
montre (on met environ 1 gramme de plomb), on
pèse le tout, puis on laisse tomber goutte à goutte
environ 1/2 gramme d'huile ; on pèse exactement
à nouveau. On fait ensuite un certain nombre de
pesées à différents moments pour suivre l'augmentation de poids que l'on ramène à 100 d'huile.

On donne pour l'huile de lin 14 à 16 0/0, mais
nous n'avons jamais trouvé un chiffre aussi élevé.

Voici les résultats d'une série de déterminations
par cette méthode :

	Augm. 0/0 après 1 jour	Augm. 0/0 après 3 jours	Augm. 0/0 après 5 jours
Huile de lin de Bombay	2.18	8.11	9.67
— —	0.32	3.94	7.07
— —	4.02	5.41	5.88
— —	3.15	4.57	5.36
— —	3.35	5.02	5.69
— —	0	2.07	4.56
— —	0.16	4.32	5.65
— —	0	3.88	5.12
— —	0	2.08	4.80
— —	1.16	4.81	5.14
— —	0.32	4.27	5.59
— de Plata...	1.16	4.64	5.44
Huile d'éleococca	0	1.09	2.09
—	0	0.57	1.73
Huile de lin de pays....	3.09	7	8.13
— —	0.83	4.65	5.14

Cette méthode est longue et n'apporte pas un facteur intéressant : ce n'est d'ailleurs pas toujours l'huile donnant les meilleurs résultats qui accuse l'augmentation maxima.

II Les dissolvants volatils.

Ils sont assez nombreux, surtout depuis que l'essence de térébenthine, qui reste toujours le principal d'entre eux, a atteint des prix absolument anormaux. C'est ainsi, en effet, que l'essence de Bordeaux qu'on pouvait avoir, il y a quelques années à peine, à un prix inférieur à 50 fr. les 100 kilogs, à certaine époque de l'année, a dépassé de beaucoup, en 1899, le prix de 100 fr.

Nous ne parlerons pas ici de l'essence de térébenthine, réservant un chapitre spécial à l'industrie du pin maritime. Nous allons donc examiner de suite les différents dissolvants qu'emploie le fabricant de vernis, aussi bien dans les cas spéciaux que comme succédanés de l'essence de térébenthine.

Benzines. — Sous ce nom on désigne commercialement toute une série des produits ne contenant parfois que des homologues supérieurs de la benzine. Ces liquides ont été employés dans l'industrie des vernis depuis le commencement du siècle. Du mélange d'hydrocarbures provenant de la distillation du goudron de houille, on peut retirer la benzine proprement dite, liquide odorant et incolore dont le point d'ébullition est $80°5$ et la densité à $15°$ c., 0,850.

Dans les benzines industrielles on rencontre les homologues de la benzine, principalement le toluène et les xylènes. Le toluène a une densité égale à 0.882 et bout à 111° ; les xylènes ont des points d'ébullition voisins de 150°.

Nous donnons ci-dessous les caractères d'un certain nombre de benzines commerciales que nous avons employées ou examinées.

Benzine lourde $D_{17} = 0.913$.
Fractionnement sur 200 cc.

60 à 100°.	10 cc.
100 à 110°.	5 cc.
110 à 137°.	16 cc.
151 à 163°.	175 cc.

Benzine légère $D_{15} = 0.872$.
Fractionnement sur 200 cc.

80 à 100°.	27 cc.
110 à 130°.	98 cc.
130 à 150°.	60 cc.

Benzine légère (autre provenance) $D_{17} = 0.871$.
Fractionnement sur 100 cc.

78 à 80°.	65 cc.
110 à 116°.	30 cc.

Benzine $D_{15} = 0.879$.
Fractionnement sur 100 cc.

81°.	80 cc.
105 à 112°.	20 cc.

Benine lourde $D_{18} = 0.924$.
Fractionnement sur 100 cc.

90 à 130°	4 cc.
130 à 155°	20 cc.
160 à 168°	41 cc.
170 à 180°	30 cc.

Tous ces liquides contiennent, en dehors de la benzine et de ses homologues, notamment les benzines lourdes, différentes impuretés. On les utilise comme dissolvants dans la préparation des vernis très communs, en raison des prix très bas auxquels certains types sont offerts.

Pétrole et essence de pétrole. — Le pétrole, tel qu'on le reçoit d'Amérique ou de Russie, n'est employé que dans des cas tout à fait exceptionnels ; mais il n'en est pas de même de l'essence et de l'huile de pétrole que l'on obtient par la distillation des pétroles bruts.

L'essence légère ou *naphte* passe au-dessous de 100° ; sa densité est comprise entre 0,6 et 0,7.

L'huile de pétrole ou *huile minérale*, passe au-dessus de 120 et jusqu'à 170° ; sa densité varie entre 0,720 et 0,750.

L'essence de pétrole, et des liquides analogues, d'origines diverses, connus sous le nom de *white spirit* sont d'une très grande consommation, L'odeur est assez peu prononcée, du moins pour certains types, mais il est assez facile d'arriver à masquer celle que l'on perçoit.

Il est bien évident que, dans tous les cas, le produit final obtenu avec ces liquides a une odeur telle qu'il est impossible de le confondre avec des produits fabriqués à l'essence de térébenthine.

Voici quelques renseignements sur la nature de ces dissolvants.

A   White spirit (origine française).

$$D_{18} = 0.8032.$$

B   Essence de pétrole (du nord de la France).

$$D_{23} = 0.787.$$

C   White spirit, dénommé benzoline.

$$D_{14} = 0.756.$$

D   White spirit (origine anglaise).

$$D_{10} = 0.765.$$

Le fonctionnement sur 200 cc. donne :

	A	B	C	D
120-130°	0 cc.	35 cc.	7 cc.	12 cc.
130-140'	13 cc.	41 cc.	41 cc.	26 cc.
140-150°	23 cc.	47 cc.	57 cc.	37 cc.
150-160°	17 cc.	35 cc.	35 cc.	33 cc.
160-170°	24 cc.	19 cc.	23 cc.	26 cc.
170-180°	24 cc.	9 cc.	10 cc.	20 cc.
180-190°	20 cc,	5 cc,	7 cc.	15 cc.
190-200°	19 cc.	»	3 cc.	9 cc.
200-210° , . , . . .	14 cc.	»	»	4 cc.
	140 cc.	190 cc.	193 cc,	182 cc.

Le type A est sensiblement différent des autres et ne peut convenir en fabrication. En résumé, jusqu'à 200°, il passe pour les 4 types examinés :

Du type	A	70	pour	100
»	B	95	»	100
»	C	96	»	100
»	D	89	»	100

En opérant plus lentement et en recueillant les liquides distillés entre des points plus rapprochés, on trouve les chiffres suivants :

Essence de pétrole du Nord de la France.

Fractionnement sur 500 cc.

96 à 110°	50 cc.
110 à 113°	50 cc.
113 à 117°	50 cc.
117 à 125°	50 cc.
125 à 128°	50 cc.
128 à 133°	50 cc.
133 à 137°	50 ce.
137 à 145°	50 cc.
145 à 155°	50 cc.
155 à 166°	25 cc.

White spirit (origine anglaise) $D_{19} = 0,758$.
Fractionnement sur 200 cc.

45 à 75°	6 cc.
80 à 102°	12 cc.
102 à 110°	7 cc.
110 à 118°	8 cc.
120 à 130°	17 cc.
135 à 145°	50 cc.
145 à 155°	10 cc.
155 à 170°	22 cc.
175 à 195°	14 cc.
195 à 205°	17 cc.

White spirit (origine anglaise) $D_{25} = 0,751$.
Fractionnement sur 200 cc.

80 à 100°	4 cc.
126 à 130°	15 cc.
130 à 132°	10 cc.
140 à 145°	27 cc.
145 à 150°	14 cc.
150 à 160°	30 cc.
160 à 165°	20 cc.
165 à 170°	14 cc.
170 à 175°	11 cc.
175 à 180°	8 cc.
180 à 185°	5 cc.
185 à 190°	7 cc.
190 à 195°	6 cc.
195 à 200°	4 cc.
200 à 202°	4 cc.

L'essence de térébenthine, française ou américaine, a une densité plus élevée et la fin de la distillation a lieu au-dessous de 170°.

On a proposé différents moyens pour la désodorisation des pétroles et des benzines, mais aucun d'eux ne permet d'arriver à un résultat complet, ainsi que nous avons pu le reconnaître par l'expérience.

Le chlorure de zinc donne un très faible résultat ; on prend :

Benzine ou pétrole....	4 litres
Chlorure de zinc......	100 grammes

On agite bien, puis on verse sur de la chaux vive ; après nouvelle agitation on laisse reposer et décante.

Le procédé suivant donne de meilleurs résultats, mais il est plus long et plus coûteux.

On prépare un mélange d'eau et d'acide sulfurique :

Acide sulfurique......... 0 lit. 250
Eau..................... 1 lit. 750

auquel on ajoute à froid 30 grammes de permanganate de potasse. On verse la benzine ou le pétrole et on laisse 24 heures en contact. On sépare de l'eau, puis on agite plusieurs heures avec :

Permanganate de potasse.. 7 gr. 5
Carbonate de soude....... 15 gr.
Eau..................... 1 litre.

Huiles et essences de houille. — Ces produits, provenant de la distillation du goudron, coûtent peu et sont employés surtout dans la préparation des vernis noirs très communs dits *vernis métalliques*. La benzine, l'amylène, le toluène, les xylènes et la naphtaline en sont les principaux constituants. On rencontre des essences, des huiles lourdes, des huiles moyennes :

Essence de houille $D_{15} = 0.928$.

La moitié distille de 164 à 180° et il reste un résidu cristallin.

Essence de houille $D_{17} = 0.942$.
Distillation sur 150 cc.

80 à 130°......... 63 cc.
130 à 160°......... 36 cc.
Au dessus de 160°.... 15 cc.

il reste un résidu solide.

Huile de houille lourde $D_{14} = 1.094$

il distille peu de liquide et il reste un résidu liquide.

Huile de houille moyenne $D_{13} = 1.027$

100 à 120°..........	8 cc.
120 à 150°..........	30 cc.
160 à 175°..........	27 cc.

il reste un résidu liquide.

CHAPITRE II

LES TÉRÉBENTHINES

Nous croyons devoir ranger les térébenthines dans un chapitre spécial, car, si beaucoup sont employées dans l'industrie des vernis, le traitement de deux d'entre elles constitue toute une industrie, assez peu connue d'ailleurs, mais donnant une série de produits au contraire très connus, tous plus ou moins employés par le fabricant de vernis. C'est pourquoi il nous a paru utile de traiter en détail, et nettement à part, la question des térébenthines.

Les diverses térébenthines

Quand on pratique des incisions dans le tronc de différentes espèces d'arbres de la famille des *conifères* et de celle des *térébinthacées*, on obtient des sucs résineux appelé *térébenthines*.

Ces térébenthines sont des résines acides en dissolution dans les carbures térébéniques ($C^{10}H^{16}$ et polymères).

Il existe un assez grand nombre de térébenthines,

mais toutes n'ont pas la même importance. Les principales sont les suivantes :

Térébenthine de Venise. — Produite par le
mélèze (*Pinus larix*), sa couleur est jaunâtre, son
odeur assez aromatique. De consistance épaisse, elle
est très soluble dans l'alcool et l'éther. Elle est peu siccative et tient de 15 à 25 0/0 d'essence. La récolte se
fait au printemps. Elle provient surtout du Tyrol et
du Piémont. L'addition de magnésie ne la fait pas
se solidifier.

Térébenthine de Chio. — D'un blanc verdâtre,
très soluble dans l'éther et moins dans l'alcool, cette
térébenthine est produite par le *Pistacia terebinthus*,
que l'on rencontre principalement dans l'Inde et
surtout à Chio. Cet arbre se rencontre aussi dans le
midi de la France, mais la température y est insuffisante pour qu'il puisse produire de la résine.

Térébenthine de Strasbourg. — S'extrait du
Pinus picea. On l'appelle *térébenthine au citron* ou d'*Al-
sace*. Il paraîtrait que cette térébenthine, malgré ses
noms, vient de Suisse (1). Elle est soluble dans l'alcool, très transparente et presque incolore. Elle est
moins siccative que la térébenthine de Bordeaux.
Elle se solidifie par addition de magnésie.

Térébenthine du Canada. — Elle est plus
connue sous le nom de *baume du Canada*. C'est une
substance incolore qui devient transparente par le
repos ; elle a une odeur très agréable. Elle se dissout
facilement dans l'éther, les alcools, la benzine, etc.

Térébenthine de Judée. — Cette térébenthine,

____

(1) Laurent Naudin, *Les vernis*, page 50.

à odeur particulière, est produite par un arbre de la famille des *burséracées*. Elle est soluble dans l'alcool et l'éther.

Térébenthine de Bordeaux. — C'est, avec la térébenthine américaine, la plus importante. Epaisse et très siccative, elle contient de 15 à 30 0/0 d'essence. Soluble dans l'alcool, l'éther, le sulfure de carbone, etc. On l'extrait du pin maritime, dans les Landes et dans la Sologne. Une addition de magnésie donne une masse solide.

Térébenthine américaine. — Consistance du miel, couleur jaunâtre. D'après M. Livache, elle ne se séparerait pas en deux couches par le repos ; d'après Morel, au contraire, le repos donnerait deux couches, avec une couche supérieure fluorescente. Elle fournit à peu près la même quantité d'essence que la térébenthine de Bordeaux. On l'extrait du *Pinus australis*.

Ces différentes térébenthines sont employées dans la fabrication des vernis ; les deux dernières sont les matières premières pour la fabrication de l'essence de térébenthine.

Nous étudierons tout le traitement que l'on fait subir à la térébenthine de Bordeaux et les différents produits qui en résultent.

La médecine utilise les différentes térébenthines comme stimulants et vermifuges ; l'essence se donne pour combattre l'empoisonnement par le phosphore. Enfin, les térébenthines entrent dans la composition de divers emplâtres.

A côté des térébenthines se placent deux produits que l'on pourrait presque ranger dans la classe des térébenthines, mais qui sont plutôt des modifications de celles-ci ; ce sont le *galipot* et la *poix de Bourgogne*.

Galipot. — C'est la térébenthine d'hiver du pin de Bordeaux. La gemme qui s'écoule pendant l'hiver contient une très petite quantité d'essence ; elle se dessèche directement sur l'arbre et on la récolte à l'état de masse pâteuse, d'un blanc jaunâtre. Le galipot s'expédie dans de grands barils en bois contenant environ 300 kgs.

D'après Flückiger, le galipot serait surtout composé d'acide pimarique $C^{20}H^{30}O^2$; comme nous venons de le dire, le galipot contient toujours une petite quantité d'essence de térébenthine et une assez grande quantité d'impuretés constituées surtout par des débris de bois. L'été, le galipot est en masse pâteuse ; mais, en hiver, il devient assez dur.

Le galipot est encore connu sous les noms de *Barras* ou *garipot* ; il est soluble dans l'essence, l'alcool et l'éther. On l'emploie dans la fabrication des vernis à bon marché. Associé à la colophane, il donne un vernis d'un peu meilleure qualité que celui préparé à la colophane pure.

Poix de Bourgogne. — La poix de Bourgogne est la térébenthine demi-solide du *Pinus abiés* que l'on rencontre surtout dans les Vosges et dans les Alpes. A l'air, elle se dessèche assez rapidement en donnant une masse dure et cassante qu'une faible chaleur ramollit facilement.

La poix de Bourgogne a une odeur fortement prononcée d'essence de térébenthine.

La solubilité de cette térébenthine est très nette

dans l'éther, l'essence de térébenthine, l'acide acétique, etc. Ce qui la caractérise nettement, c'est son insolubilité relative dans l'alcool.

Quelques fabricants de vernis utilisent la poix de Bourgogne dans la fabrication des vernis communs. Mais cet emploi est on ne peut plus restreint, l'industrie étant largement alimentée par les colophanes et le galipot qui sont offerts à des prix extrèmement bas.

La poix de Bourgogne est donc un produit dont il est intéressant de connaitre les propriétés générales, mais qu'il ne convient de signaler parmi les matières premières de l'industrie des vernis, que dans le but d'être aussi complet que possible.

La gemme

On appelle *gemme* la matière résineuse qui s'écoule des incisions faites au pin maritime. En France, on peut estimer à environ 200.000 tonnes la production de la gemme : il est pourtant assez difficile de fixer un chiffre exact, les renseignements précis faisant défaut. Les départements qui produisent de la gemme sont les suivants : Landes, Basses-Pyrénées, Gironde et Charente. Une faible partie des arbres produit de la gemme, car le plus grand nombre sont trop jeunes ; la reproduction se fait par semis et on éclaircit tous les quatre ans environ (1). Les pins dits

(1) On trouvera des détails sur l'exploitation des pins dans les traités spéciaux de MM. Samanos et Dromart.

d'éclaircissage, âgés de 15 à 25 ans, donnent rarement de la gemme.

Ceux destinés à faire des poteaux de mines sont *gemmés à mort* : pour cela, on fait deux grandes entailles face à face, on recueille la résine et on abat l'arbre 2 ans après.

Les pins poussent dans des terrains sablonneux (environ 500.000 hectares), et ce n'est que vers 40 ans que l'on commence à leur faire donner de la gemme En les soignant convenablement, ils peuvent fournir de la gemme pendant 50 ans et même plus (on a donné comme limite extrême 200 ans).

Voyons comment on procède pour la récolte de la gemme.

L'incision est faite à l'aide d'une lame courbe placée au bout d'un long manche en bois. On doit refaire cette incision tous les 2 ou 3 ans. Si l'on commence à une faible hauteur du sol, on continue les entailles au commencement de chaque saison (mars-avril), en allant toujours de plus en plus haut pendant cinq années environ. On recommence ensuite sur une autre partie de l'arbre, de sorte que, en faisant le tour, quand on revient à la première entaille on la retrouve complètement cicatrisée.

La gemme apparait là où l'on fait une entaille, parce qu'elle remplace l'écorce enlevée qui ne se reproduit pas. Si l'on ne faisait pas d'entailles, le suc résineux se transformerait en ligneux.

Le premier procédé de récolte de la gemme, dit *au crot* était fort barbare : la gemme s'écoulant de l'entaille était recueillie dans une cavité creusée au pied de l'arbre : une partie de l'essence s'évaporant, le rendement en gemme allait en diminuant d'autant plus que l'entaille était placée plus haut.

Maintenant, et depuis longtemps d'ailleurs, la récolte se fait *au pot* (procédé Hughes). La gemme est recueillie dans un petit pot fixé sur l'arbre juste au-dessous de l'entaille. On évite ainsi la perte considérable de l'ancien système et on obtient une gemme bien plus propre. La fig. 1 montre les deux dispositifs.

La gemme recueillie dans les pots est vidée dans des bassins placés dans le sol et contenant 500 litres environ.

Plus on avance dans la saison, moins la gemme est riche en essence. A l'usine de traitement, la gemme est mise dans de grands réservoirs en bois nommés *barques*, et contenant environ 30.000 litres.

Cette gemme donne deux produits :

1° L'essence de térébenthine ;

2° La colophane.

Avec la colophane on peut faire des huiles et des essences. Nous allons étudier la fabrication de ces différentes substances.

L'essence de térébenthine

La purification de la gemme se fait dans une chaudière plate chauffée à feu nu. Les matières légères remontent à la surface où on les écume ; quant à l'eau, elle se réunit à la partie inférieure. La gemme, ainsi purifiée, est filtrée chaude sur de la paille.

Fig. — Récolte de la gemme.
Au pot.   Au crot.

M. Dromart a proposé, pour éviter la perte d'essence, d'effectuer le travail précédent dans une chaudière close munie d'agitateurs.

La distillation de la gemme purifiée a lieu dans une chaudière en cuivre. Les dispositifs de ces appareils varient selon que l'on a en vue la production de belles colophanes ou de colophanes très ordinaires, dites *brais*.

Quand on distille la gemme à feu nu, pour éviter d'opérer à trop haute température, on ajoute à la gemme, pendant la distillation, une certaine quantité d'eau (environ 30 0/0) : l'essence est entraînée par la vapeur d'eau. L'alambic A contient la gemme (fig. 2) ; B est un réservoir renfermant la gemme purifiée et mesurée pour l'alimentation de l'alambic ; l'introduction de l'eau se fait par l'entonnoir C et la vidange de la colophane par le robinet D. L'essence entraînée et la vapeur d'eau se condensent dans le serpentin E et sont recueillies dans le récipient II où l'on retire l'essence qui se sépare de l'eau et monte à la surface.

Quand l'eau entraînée ne contient plus d'essence, on arrête l'introduction d'eau, on donne un coup de feu pour chasser l'excès d'eau et on cesse la distillation.

Cette opération, qui paraît simple, est assez délicate à conduire à bien : l'opérateur n'est guidé que par l'oreille pour régler l'introduction de l'eau.

Aussi a-t-on songé à utiliser la vapeur d'eau comme mode de chauffage. Voici un appareil qui a donné, paraît-il, de bons résultats (fig. 3) :

A l'intérieur d'un alambic A, se place un serpentin de chauffage B ; un jet de vapeur amené

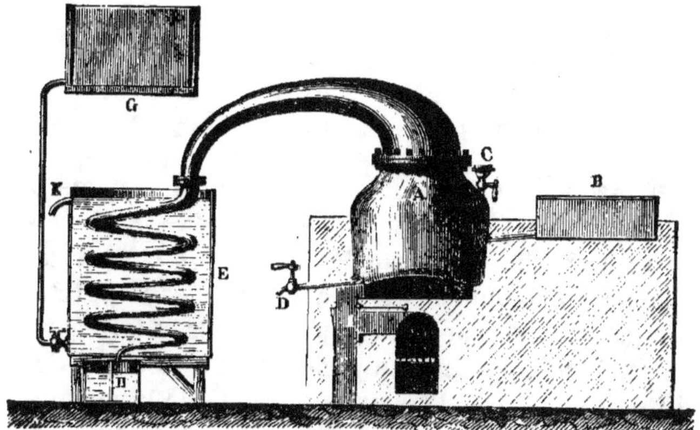

Fig. 2. — Alambic essence chauffé à feu nu.

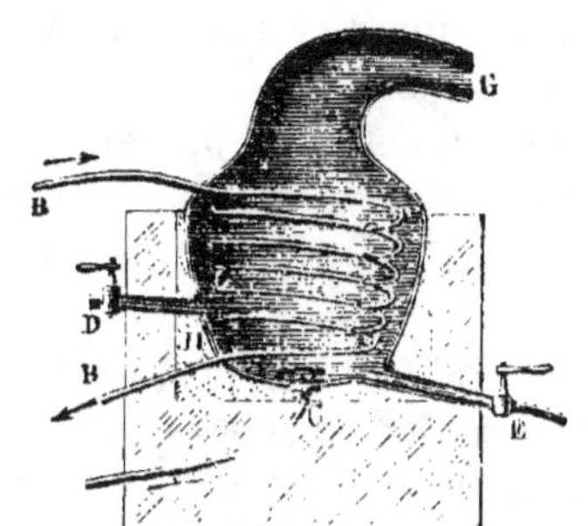

Fig. 3. — Appareil de distillation
par la vapeur.

par C entraîne l'essence. La gemme est introduite
par le tuyau D, l'essence sort en G et la colophane
s'écoule par E. L'alambic est placé dans un bain de
sable H.

Voici quelles ont été les différences de rendement (1) :

	A feu nu	A la vapeur
Essence......	16	20
Colophane ...	70	66
Impuretés....	14	14

D'une façon générale, en employant le système à feu nu, on admet un rendement moyen en essence de 17 à 18 0/0, une perte de 18 à 20 0/0 et un rendement en colophane de 62 à 64 0/0. Les impuretés sont constituées par de la terre, du bois et de l'eau. Le rendement en essence varie, comme nous l'avons dit plus haut, avec l'époque de récolte de la gemme : en avril, on obtient 22 0/0 ; mais en septembre et en octobre ce rendement tombe à 14 et même 13 0/0 (pour distillation à feu nu ; à la vapeur, la première gemme donne de 26 à 28 0/0).

La production annuelle et moyenne de l'essence de térébenthine française est d'environ 90 à 100.000 barils pesant 150 kilos net, soit, en chiffres ronds, 15.000 tonnes.

Les quelques modifications proposées dans l'industrie de la térébenthine, pendant ces dernières années, peuvent se résumer en ceci :

1° Un brevet pour l'épuration de la gemme (2), en ajoutant, au moment de la fonte, dans la chaudière de préparation, 8 à 10 0/0 de terre de pipe qui s'em-

(1) Paul Curie, *Annales du Génie civil*, 1874.
(2) Ch. de La Roche, *Procédé d'épuration des térébenthines.* Brevet 270 147, septembre 1897.

pare de la partie aqueuse et de l'huile de résine (?)
et les entraîne au fond de la chaudière.

2° L'emploi d'une turbine, chauffée par serpentin
à 50° environ, pour le traitement de la gemme. La
filtration se fait sur une série de toiles de plus en
plus fines. Le liquide recueilli se sépare en **2** couches : une partie aqueuse qui gagne le fond du récipient et de l'essence plus ou moins chargée de
gemme (1).

Nous n'avons pas entendu dire que ces méthodes
aient reçu la plus petite sanction pratique.

Propriétés de l'essence de térébenthine. — Au point de
vue chimique, elle est surtout composée d'un carbure de la série térébénique, le *térébenthène* $C^{10}H^{16}$ et
de carbures isomères et polymères. Kekulé a donné
une formule de structure de ce carbure qui explique
aisément sa formation : on sait que le cymène est
dérivé de la benzine par substitution d'un groupe
méthyle et d'un groupe propyle, en position para, à
deux atomes d'hydrogène : $C^6H^4CH^3C^3H^7$, soit $C^{10}H^{14}$.
La fixation de deux atomes d'hydrogène conduit au
térébenthène dont la formule de structure se représente alors ainsi :

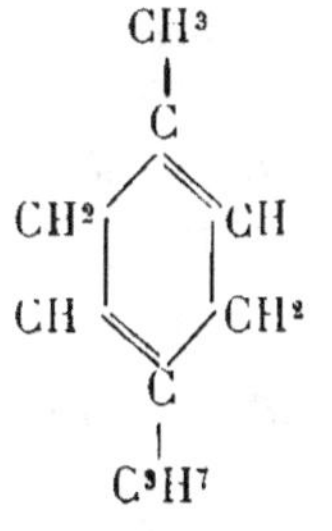

$$
\begin{array}{ccc}
 & CH^3 & \\
 & | & \\
 & C & \\
CH^2 & & CH \\
CH & & CH^2 \\
 & C & \\
 & | & \\
 & C^3H^7 &
\end{array}
$$

(1) Ch. de La Roche. *Perfectionnements apportés à la fa-*

En fait, quand on enlève aux terpènes ($C^{10}H^{16}$ liquides) ou aux camphènes ($C^{10}H^{16}$ solides) deux atomes d'hydrogène à l'aide de déshydrogénants ou d'oxydants, on obtient du cyamène.

Depuis quelques années, l'étude des terpènes a été poussée très loin et la formule de Kekulé n'est plus admise aujourd'hui.

La formule de constitution généralement admise maintenant a été donnée par M. Wagner qui a étudié d'une façon particulière les produits acides obtenus par oxydation du térébenthène.

C'est le groupe propylique qui se trouve autrement fixé.

On trouvera des renseignements très complets sur l'histoire des terpènes dans les ouvrages spéciaux de Charabot, Gildmeister.

L'essence de térébenthine française pure a une densité de 0,864 à 16° ; son point d'ébullition est 156°5 ; pouvoir rotatoire lévogyre 42°36 ; le térébenthène est insoluble dans l'eau, soluble dans l'alcool et dans l'éther (1).

A froid, l'acide sulfurique agit énergiquement sur l'essence de térébenthine en donnant naissance à des isomères et à des polymères, avec production d'eau, d'acide sulfureux et de cymène. Le principal des polymères formés est le *colophène* $C^{20}H^{32}$, bouillant entre 300 et 315°, huile incolore à fluorescence bleue.

brication de l'essence de térébenthine. Brevet 282 964. Novembre 1898.

(1) Schützenberger, *Traité de chimie générale*, tome VI, page 79.

En traitant l'essence de térébenthine par le trichlorure d'antimoine, dans des conditions spécia-.
les (1), M. Riban a obtenu un polymère à l'état de
pureté qu'il appelle *tétratérébenthène* et qui présente
un intérêt particulier, car il a permis à M. Riban de
donner une théorie de la fabrication des vernis aux
gommes dures. Ce tétratérébenthène est un corps
amorphe, cassant, jaunâtre et transparent ; sa densité à O est 0,977 et il est insoluble dans l'alcool. Si
on chauffe ce carbure l'action de la chaleur le dépo-
lymérise et l'on obtient :

$$C^{40}H^{64} = C^{20}H^{32} + 2C^{10}H^{16}$$

Série de carbures solubles dans l'alcool. D'où la
conclusion de M. Riban que l'action de la chaleur
sur les gommes dures est un moyen de dédoublement pour obtenir des produits solubles, dédoublement que l'on peut comparer à celui du tetratéré-
benthène (2).

L'essence de térébenthine exposée à l'air absorbe
l'oxygène et se résinifie. En même temps il se produit un peu de cymène, de l'acide acétique et de
l'acide formique.

L'action de l'acide chlorhydrique permet d'obtenir
un mono et un dichlorydrate de terpène (produits
d'addition) $C^{10}H^{16}HCl$ et $C^{10}H^{16}2HCl$. Le premier est
intéressant, car il constitue le camphre artificiel.

(1) Voir Schützenberger, *Traité de Chimie générale*, T. VI,
p. 81.
(2) Mais avec les gommes dures le dédoublement se fait
avec *pertes,* ce qui ne rend pas la comparaison tout à fait
exacte.

A moins 15° l'essence de térébenthine absorbe le chlore en donnant un produit d'addition $C^{10}H^{16}Cl^2$ que la chaleur dédouble en cymène et acide chlorhydrique.

L'essence de térébenthine donne, en se combinant avec l'eau, les hydrates suivants :

1 *L'hydrate de terpène* $C^{10}H^{16}H^2O$, ou *terpinéol* obtenu en laissant longtemps en contact :

    1 partie   d'essence de térébenthine

    1   »   1/2   d'alcool à 90°

    1/2 »   d'acide sulfurique $D = 1,64$

liquide bouillant vers 210°.

2° *La terpine* $C^{10}H^{16}2H^2O$. Obtenue en maintenant à 100° l'hydrate de terpine sous une cloche contenant de l'acide sulfurique. Cristaux fondant à 103° et bouillant à 250°.

3° *L'hydrate de terpine* $C^{10}H^{16}3H^2O$. C'est te terme ultime qui se forme par contact prolongé de l'essence de térébenthine et de l'eau. La présence d'alcool et d'acide azotique étendu active la production d'hydrate de terpine. Prismes incolores fondant à 100°.

4° *Le terpinol* $C^{10}H^{16}H^2O + C^{10}H^{16}$. Obtenu en distillant avec de l'eau alcaline le dichlorhydraté d'essence de térébenthine ou en traitant par l'eau acidulée bouillante l'hydrate de terpine. Mélange de terpinéol et de carbure terpéniques.

Dans l'industrie des vernis on utilise des essences de térébenthine d'origines diverses. Les 3 principales sont les suivantes :

1° *L'essence de térébenthine française*, provenant du traitement de la gemme du pin maritime.

2º *L'essence de térébenthine américaine*, fournie par la gemme du *Pinus australis*.

3º *L'essence de térébenthine russe*, extraite de la gemme du *Pinus sylvestris.*

Voici les caractères que nous avons déterminés sur des essences commerciales des 3 variétés citées ci-dessus :

Essence de térébenthine française (de Bordeaux)

Densité $D_{16,5}$ $=$ 0.8725
Indice de réfraction $=$ 1.470
Distillation sur 200 cc. :

La distillation commence à 153º, mais le thermomètre monte de suite à 155 ; le liquide condensé est de suite clair.

$$
\begin{array}{lr}
154\text{-}155º\ldots\ldots\ldots\ldots & 79 \text{ cc.} \\
155\text{-}156º\ldots\ldots\ldots\ldots & 35 \text{ »} \\
156\ 157º\ldots\ldots\ldots\ldots & 18 \text{ »} \\
157\text{-}158º\ldots\ldots\ldots\ldots & 14 \text{ »} \\
158\text{-}159º\ldots\ldots\ldots\ldots & 11 \text{ »} \\
159\text{-}160º\ldots\ldots\ldots\ldots & 9 \text{ »} \\
160\text{-}165º\ldots\ldots\ldots\ldots & 18 \text{ »} \\
165\text{-}170º\ldots\ldots\ldots\ldots & 3 \text{ »}
\end{array}
$$

Essence de térébenthine américaine (pinoline)

Densité D_9 $=$ 0.8805
Indice de réfraction $=$ 1.472
Distillation sur 200 cc. :

La distillation commence à 153º ; le thermomètre

atteint vite 155°, mais au début le liquide est opalin.
(à cause d'une petite quantité d'eau).

$$
\begin{array}{ll}
154\text{-}155° \dots\dots\dots & 66 \ \textbf{cc}. \\
155\text{-}156° \dots\dots\dots & 45 \ » \\
156\text{-}157° \dots\dots\dots & 26 \ » \\
157\text{-}158° \dots\dots\dots & 16 \ » \\
158\text{-}159° \dots\dots\dots & 9 \ » \\
159\text{-}160° \dots\dots\dots & 9 \ » \\
160\text{-}165° \dots\dots\dots & 24 \ » \\
\end{array}
$$

Essence de térébenthine russe

Densité $\qquad\qquad$ D_{13} $\quad=\quad$ 0.8755

Indice de réfraction $\qquad=\qquad$ 1.476

Distillation sur 200 cc. :

La distillation commence à 157°, le premier liquide condensé est opalin ; le thermomètre monte rapidement à 159°.

157-160°......	3 cc.	opalin, odeur forte.
160-165°......	78 »	sur 30 cc. opalin, odeur moins forte.
165-170°......	59 »	
170-175°......	28 »	
175-180°......	12 »	
180-185°......	6 »	

L'essence russe possède une odeur si désagréable qu'il est impossible de l'utiliser directement dans l'industrie des vernis.

Au point de vue chimique on peut différencier ainsi ces 3 essences : l'essence française donne un carbure bouillant à 156°5, le *térébenthène ;* l'essence américaine un carbure bouillant à 156°, l'*austra-*

lène (1) ; l'essence russe fournit 3 carbures (d'après Tilden) bouillant à 156, 171 et 175°.

Si nous réunissons en un tableau les 3 distillations que nous venons de donner, nous saisirons très nettement comment se comportent ces 3 types d'essence de térébenthine.

Distillation sur 200 cc.

Températures lues au thermomètre	cc. distillés essence française	cc. distillés essence américaine	cc. distillés essence russe
154°-155°	79	66	»
155°-156°	35	45	»
156°-157°	18	26	»
157°-158'	14	16	»
158°-159°	11	9	»
159°-160°	9	9	3
160°-165°	18	24	78
165°-170°	3	»	59
170°-175°	»	»	28
175°-180°	»	»	12
180°-185°	»	»	6
Reste d. le ballon.	12	4	12
Total......	199	199	198

(1) Identique au térébenthène.

Pour l'essence française il passe :

    83 0/0 de 155 à 160° et 92 0/0 de 155 à 165°

Pour l'essence américaine il passe :

    85,5 0/0 de 155 à 160° et 97,5 0/0 de 155 à 165°

Pour l'essence russe il passe :

    15 0/0 de 155 à 160° et 40,5 0/0 de 155 à 165°

Ces nombres tendraient à expliquer la faveur particulière que certains fabricants accordent à l'essence de térébenthine américaine ; en tous cas, ils montrent nettement qu'il n'est pas possible d'utiliser avantageusement l'essence russe.

L'emploi pour ainsi dire exclusif de l'essence de térébenthine est dans la fabrication des vernis. Pourtant, on a vendu sous le nom de *gaz liquide*, un mélange d'alcool et d'essence de térébenthine, mélange brûlant en donnant une flamme très éclairante.

La présence de l'essence de térébenthine se décèle très facilement à l'aide de la réaction très caractéristique que donne le trichlorure d'antimoine : ce corps, soumis à l'action des vapeurs d'essence de térébenthine, prend une coloration rouge sang. Une perle de protochlorure d'antimoine mise dans une salle où il y a 1/500 seulement d'essence dans l'air prendra la coloration rouge sang caractérisant la présence de l'essence.

Les vapeurs d'essence de térébenthine donnent des maux de tête et produisent une sorte de griserie qui rend impropre à tout travail. Beaucoup de gens soumis à l'action prolongée des vapeurs d'essence de térébenthine contractent l'*eczéma professionnel*.

Au point de vue médical, l'essence de térébenthine Oest un révulsif puissant et un stimulant énergique.

On l'a préconisé contre le tétanos, la péritonite puer-
pérale, etc. C'est le contre-poison employé dans les
empoisonnements par le phosphore.

On l'emploie à l'intérieur sous forme de perles ou
d'émulsions et à l'extérieur, en liniments.

C'est, en résumé, un médicament assez usité.

Essence grasse de térébenthine. — Au contact de
l'air, et au bout d'un temps plus ou moins long, l'essence de térébenthine absorbe l'oxygène pour donner une substance épaisse nommée *essence grasse* dont
les propriétés spéciales dissolvantes ont attiré l'attention depuis fort longtemps. L'action de l'air doit être
très prolongée; aussi y a-t-il, par évaporation, une
perte d'essence qui atteint facilement 70 pour 100.

M. Livache a dit que l'essence grasse pouvait dissoudre une gomme dure n'ayant perdu que 10 pour
100 de son poids par fusion : nous verrons que dans
le procédé ordinaire il faut compter perdre 25 p. 100.

Le seul usage sérieux de cette substance réside
dans son emploi en peinture sur porcelaine, concur-
remment avec l'essence grasse de lavande.

Examen de l'essence de térébenthine. — Nous
avons déjà donné les principaux facteurs physiques
des différentes variétés d'essence de térébenthine.

Les quelques essais suivants sont à faire en cas de
doute :

1º L'évaporation sur une lame de verre doit être
complète ; ne laisser aucun résidu appréciable (1) ;

2º La solution dans l'alcool (90-95º) doit être par-

(1) Il reste toujours un résidu dû à la résinification d'une
partie de l'essence.

faite et claire : une solution trouble indique la présence de la benzine.

Il est une falsification qui se pratique, parait-il, sur une grande échelle : c'est l'addition d'huile de résine, à raison de **2** à **4** pour 100. Les avis sont très partagés sur la possibilité de découvrir cette fraude jusqu'à 4 pour 100. A partir de 5 pour 100 tout le monde est d'accord pour déclarer qu'il est facile **de** déceler la fraude.

Le mémoire le plus ancien sur les falsifications de l'essence de térébenthine remonte à 1859 et c'est un travail dû à Barbet de Bordeaux (1). Il y est dit que l'essence peut être falsifiée par addition de térébenthine, de colophane ou d'huiles de résine. Voici les conclusions de Barbet :

L'alcoomètre centésimal de Gay-Lussac plongé dans l'essence **de tér**ébenthine distillée pure marque 78,5.

Les essences falsifiées fournissent les résultats ci-dessous :

Essence à	5 pour 100	de térébenthine ..	76.1
»	10	»	»	74.2
»	5	»	de colophane.....	75.6
»	10	»	»	73.1
»	5	»	d'huile de résine..	76.4
»	10	»	»	74.2

La distillation d'une quantité connue d'essence pure et fraichement distillée ne laisse aucun résidu (**2**) ;

(1) *Répertoire de Pharmacie* t. XVI, p. 12 : *analysé du Répertoire de Chimie appliquée,* t. I, 1859, p. 377.
(2) Nous avons vu que ce n'était pas tout à fait exact.

si l'essence est ancienne, on retrouve un léger **résidu poisseux**. Quand l'essence est falsifiée, le residu est plus notable : on le pèse alors après l'avoir exposé longtemps à une température supérieure à 170°. Les poids constatés sont :

Essence à   5 pour 100 de térébenthine.   3 pour 100
»   10   »   »   6   »
»   5   »   de colophane...   5   »
»   10   »   »   10   »

En agitant 10 grammes d'essence avec 10 grammes d'ammoniaque, on constate :

1° Avec l'essence pure aucun effet ; le mélange se sépare nettement.

2° Avec 5 pour 100 de térébenthine il se fait une émulsion qui s'éclaircit par le repos, il se dépose un magma gélatineux, brun fauve : le liquide surnageant est incolore. Même phénomène plus marqué avec 10 pour 100 de térébenthine.

3° Avec 5 pour 100 de colophane, chaque goutte d'ammoniaque donne une solidification partielle ; en agitant on obtient une solidification en masse opaque. Avec 10 pour 100 de colophane, la masse obtenue est semi transparente.

Comme nous l'avons dit plus haut, la véritable falsification de l'essence consiste dans l'adjonction d'huile de résine M. A. J. Zune a étudié cette falsi-fication au point de vue analytique et à la suite de ses essais, il a fait remarquer que l'addition de 1/2 pour 100 d'huile de résine augmente l'indice de réfraction de 20 à 56 unités de 5° ordre des décimales (1). Il en

____

(1) Recherche des huiles de résine dans l'essence de térébenthine, *Moniteur Scientifique*. Novembre 1892.

conclut que l'indice de réfraction est le plus sur moyen de déceler l'addition d'huile de résine dans une proportion inférieure à 4 pour 100. La constatation suivante est à retenir : « Lorsque celle-ci (l'essence) est pure, on constate pour les valeurs numériques des divers indices fractionnels une progression arithmétique, tandis que, si elle est falsifiée, soit par l'essence de résine, soit par l'huile de même nature, la progression, tout au moins pour les deux derniers termes, est plutôt géométrique, les derniers produits se concentrant presque entièrement dans le dernier quart du distillat ».

De sorte que, il est toujours préférable d'opérer sur 100 cc. d'essence séparés en quatre parties égales par une distillation fractionnée au bain de sable et de prendre des indices sur chaque partie.

Voici quelques résultats extraits du tableau inséré dans la note de M. Zune.

	Indices à 15°
Térébenthine brute...............	1.51708 à 1.51782
Essence de première distillation...	1.47361 à 1.47389
» américaine..............	1.47282
» de résine...............	1.47991 à 1.48623
Huile de résine qualité ordinaire..	1.53494 à 1.53741
» » blanche française dichroïque.................	1.53467 à 1.54133
Huile de résine blanche, anglaise non dichroïque.............	1.55509 à 1.56622
Essence de térébenthine 2 0/0 d'huile de résine blanche française :	
Premier quart de la distillation...	1.47191
Dernier » » » ...	1.47903

Nous avons repris la méthode préconisée par Zune, en opérant sur une essence de térébenthine à laquelle nous avons ajouté 1, 2, 3 et 4 pour 100 d'une huile de résine parfaitement blanche. Nous avons déterminé les indices de réfraction à l'aide du réfractomètre de M. Fery. Constatons d'abord qu'il n'est pas possible de déterminer la 5e décimale et qu'on ne détermine la quatrième qu'approximativement.

Voici les résultats que nous avons obtenus :

Essence de térébenthine française garantie pure.			1.4705
»	»	» (commerce)....	1.470
»	»	américaine.............	1.472
»	»	de russie..............	1.476

	Produit initial	Premier quart de la distillat.	Dernier quart de la distillat.
Essence française..........	1.4705	1.470	1.476
» » à 1 0/0 huile de résine.................	1.4725	1.469	1.482
Essence française à 2 0/0 huile de résine.................	1.4725	1.469	1.482
Essence française à 3 0/0 huile de résine.................	1.4725	1.469	1.485
Essence française à 4 0/0 huile de résine.................	1.474	1.469	1.486
Essence américaine..........	1.472	1.4675	1.478

Il résulte de tous ces chiffres, que la détermination de l'indice sur le dernier quart de la distillation donne des chiffres assez différents ; mais nous avons trouvé une différence bien moins grande que M. Zune d'autant plus qu'il faut faire la comparaison avec le chiffre de l'indice du *dernier quart* de la distillation de l'essence pure, pour rester dans les mêmes termes de comparaison.

On voit alors que pour 1 pour 100 d'huile de résine l'indice est 1.482 (dernier quart) au lieu de

1.476 (dernier quart) pour l'essence pure. Il est certain que la différence est très sensible ; mais il ne nous paraîtrait prudent de conclure qu'après avoir mesuré des indices d'essence pure pendant toute une campagne et avoir constaté que ces indices sont à peu près invariables.

M. Aignan a proposé l'emploi du polarimètre en fractionnant par distillation et en mesurant la déviation sur les dernières portions : avec l'essence pure, les dernières portions sont lévogyres ; avec de l'essence ne contenant que 0,5 0/0 d'huile de résine, M. Aignan a eu les dernières portions dextrogyres. Si le phénomène est constant, mais M. Aignan ne l'affirme pas, il y a là une méthode très intéressante à mettre au point, méthode qui pourra rendre de grands services.

Les résineux

Sous ce nom général, on désigne les produits résiduaires de la distillation de la gemme.

Quand on distille des gemmes bien pures, on obtient des résineux d'un jaune plus ou moins foncé, vendus sous le nom de *colophane* ou *arcanson*. Avec une gemme souillée, le produit recueilli est dénommé *brai clair*. Enfin, en traitant la partie de la gemme que l'on retrouve au fond de la chaudière de fusion, on obtient des résineux dits *brais noirs.*

Tous ces brais et colophanes sont coulés chauds dans de grands fûts en bois où la solidification se produit ; les fûts tiennent environ 300 kg. de résineux.

Les filtres de paille sur lesquels on a recueilli toutes les impuretés pendant la fusion de la gemme sont brûlés dans des fours : la gemme s'écoule, et, en la distillant, on peut encore obtenir des résineux et environ 10 pour 100 d'essence de térébenthine.

Les colophanes que l'on rencontre dans le commerce sont ou d'un jaune foncé ou pour ainsi dire blanches (*colophane verre à vitre*). Pour obtenir des colophanes aussi pâles un certain nombre de procédés ont été préconisés.

Du côté des agents chimiques on a essayé : l'action combinée du chlorure de zinc (5 pour 100) et du bichromate de potasse (12 pour 100) à 150°; l'action de l'acide sulfurique sous pression dans un autoclave chauffé à la vapeur surchauffée; l'action du chlore sur la colophane fondue, en présence d'une petite quantité d'acide sulfurique, etc., etc.

En Angleterre, on a utilisé depuis longtemps la volatilité de la colophane pour faire une distillation sans décomposition, à condition d'entraîner les vapeurs au fur et à mesure de leur formation (1). On opère à 200 degrés, en présence d'un courant de vapeur d'eau surchauffée. Le produit de condensation contient une substance résineuse opaque et de l'eau.

Le produit résineux est déshydraté, soit dans le vide, soit dans des chaudières en plomb, à l'aide de la vapeur d'eau surchauffée. On recueille environ 75 pour 100 de la colophane employée et l'on peut

(1) Hunt et Pochin. Purification de la colophane. *Journal de Pharmacie et de Chimie.*

faire trois qualités : la première est presque incolore.

La colophane du commerce a une densité de
1.070. Nous avons trouvé la même densité pour les
colophanes claires ou foncées (1.072 par la balance
de Mohr et 1.073 par la méthode du flacon). Elle
fond au-dessous de 100 degrés. Elle est transparente
et friable ; on la transforme facilement en une
poussière blanche ou jaunâtre.

L'éther, le chloroforme, le sulfure de carbone, la
benzine et l'alcool à 95° la dissolvent très facilement.

Nous avons trouvé comme constantes de la colophane :

Chiffre de l'acide 168.3 à 171.1 ;

Indice de Kottstorfer 168.3 à 173.9.

On lui donne la formule chimique $C^{44}H^{62}O^4$, et
Flückiger la considère comme de l'acide abiétique
anhydre ($C^{44}H^{62}O^4 + H^2O = C^{44}H^{64}O^5$ acide abiétique),
ce qui explique l'identité entre le chiffre de l'acide
et l'indice de Kottstorfer.

Cet acide abiétique donne un sel de plomb très
dur et se formant assez rapidement : c'est pourquoi
les vernis contenant de la colophane ne peuvent pas
servir à *détremper* les couleurs à base de plomb, la
céruse notamment.

Quand on délaye de la céruse broyée à l'huile
avec un vernis à base de colophane, le mélange,
parfaitement fluide au début, ne tarde pas à épaissir
de plus en plus pour devenir, au bout de quelques
heures, complétement dur. Les peintres disent que
le vernis *épaissit* la céruse. Il suffit d'ailleurs d'ajouter à un vernis à la gomme une assez faible propor-

tion d'un vernis à la colophane pour que le phénomène se manifeste.

On peut estimer la production générale des résineux en France à 50.000 tonnes par an. L'industrie des vernis en utilise relativement peu ; les gros débouchés sont en papeterie, en savonnerie et en stéarinerie, d'une part, et pour la fabrication des huiles et essences de résine, d'autre part.

L'emploi en savonnerie provient du fait de la facile combinaison de la colophane avec la soude ou la potasse pour donner des résinates que l'on mélange à la pâte de savon ; les savons ainsi obtenus, dits *savons jaunes*, moussent avec l'eau de mer et sont d'un prix de revient très bas.

Les résinates alcalins peuvent donner des résinates insolubles par double décomposition : celui d'alumine est utilisé pour l'encolage des papiers.

En ajoutant environ 10 pour 100 d'eau à la colophane en fusion, on forme un hydrate défini, nommé *résine jaune*, avec lequel on fabrique des torches qui ont été employées pour l'éclairage dans certaines provinces pendant fort longtemps. Même maintenant on trouve encore dans le commerce des *chandelles de résine*.

En médecine, on fait également usage de colophane pour la fabrication des emplâtres et dans la préparation de poudres hémostatiques.

L'essence de résine

L'action de la chaleur sur la colophane est essentiellement variable avec le mode opératoire et la température à laquelle on opère. En décomposant brusquement la colophane, en la faisant arriver fondue dans un récipient porté à une température voisine de 700° il y a production de gaz dit *gaz de résine*. Il est formé d'un mélange d'hydrocarbures et d'oxyde de carbone ; il reste dans la cornue un résidu charbonneux. Le gaz de résine brûle sans épuration préalable en donnant une flamme d'un pouvoir éclairant supérieur à celui du gaz de houille.

Si au lieu d'opérer d'une façon aussi brusque, on chauffe la colophane progressivement, tout en allant très vite quand la distillation est commencée, on obtient, par condensation, un produit contenant une assez notable proportion de colophane entraînée, proportion d'autant plus grande d'ailleurs que la distillation a été menée plus rapidement. Le reste est constitué par de l'huile de résine dont nous parlons plus loin. Si on ajoute à ce mélange de la chaux éteinte, en remuant bien, on transforme la colophane en résinate de chaux et le produit final se présente sous l'aspect d'une masse onctueuse, solide et brunâtre, vendue sous le nom de *graisse végétale*.

En faisant la distillation de la colophane lentement et avec précaution, on peut scinder les produits de distillation en deux fractions bien nettes :

1° L'essence ;

2° Les huiles.

Il se fait d'ailleurs une assez faible proportion d'essence. Voici des chiffres puisés à deux sources différentes :

	1° (1)	2° (2)
Eau acide........	» »	7
Essence de résine..	1.40	5
Huiles de résine...	88.80	70
Résidu...........	10 »	18

Comme on le voit, ces nombres sont essentiellement différents. Actuellement, on peut admettre que les produits résultant de la distillation de la colophane se répartissent ainsi, pour une opération bien conduite :

Essence de résine...	7 à 8 pour 100
Huiles de résine....	73 » 72 »
Résidus...........	20 »

En travaillant avec beaucoup de soin on ,peut n'avoir que 15 à 18 pour 100 de résidus.

On peut estimer la production annuelle des huiles et essence de résine à environ 8.000 tonnes, ce qui fait que cette industrie absorbe, à elle seule, 10.000 tonnes de résineux.

Villon a donné le détail des différents produits obtenus par la distillation de la colophane (3).

Pour une distillation rapide, les produits se répartiraient ainsi (ramenés à 100 kg. de colophane) :

(1) Halphen, *Couleurs et vernis*, p. 256.
(2) Curie, *Annales du Génie civil*, année 1874.
(3) Villon, *Les Corps gras*, pages 280 et 281.

Essence de résine........	2,25
Huile de résine blonde ..	73,60
» bleue ...	7,55
Brai dur et pertes	1,66
	100,00

En distillant lentement, les produits obtenus sont les suivants :

Essence de résine		2,25
Huile de résine blonde ..		18,75
»	blanche .	30,10
»	blonde ..	12
»	bleue ...	10,50
»	verte ...	6
Brai dur et pertes		20,40
		100,00

Les huiles de résine sont conservées plusieurs semaines dans de grands bacs en tôle avant d'être soumises à la purification.

La distillation se fait dans des chaudières en fonte, et la condensation à l'aide d'un serpentin en cuivre.

Ces chaudières en fonte tiennent en moyenne 2.000 kg. de colophane et la durée totale d'une opération est de 18 heures. L'essence de résine passe la première vers 200° environ.

Pendant toute la durée de la distillation, il se dégage des gaz formés surtout de butylène et d'éthylène: on les brûle sous la chaudière de distillation.

L'essence brute est un liquide très mobile, **brun** rougeâtre à odeur très forte.

Par rectification et décoloration, on obtient une essence à odeur bien moins forte (mais néammoins toujours caractéristique, une véritable odeur de brûlé) et ayant la couleur du cognac.

En raison de la très forte odeur de l'essence de résine, son emploi dans la fabrication des vernis est très limité, malgré les très bas prix auxquels on peut se la procurer.

Nous avons déterminé la densité et l'indice de réfraction de deux types très différents :

	Densité à 14°	Indice de réfraction
Essence de résine brute	0,930	1,522
» rectifiée ..	0,910	1,5015

M. A. Renard a examiné l'essence de résine au point de vue chimique. Il a signalé la présence de carbures bouillant de 35 à 260° : amylène, hexylène, xylène, cumène, cymène, dioctène, etc. ; de l'aldéhyde isobutyrique, de l'aldéhyde valérique ; de l'acide isobutyrique et de l'acide valérique ; mais les principaux constituants sont deux térébenthènes et de l'heptène :

		Points d'ébullition
Térébenthène	($C^{10}H^{16}$).......	154-157
»	($C^{10}H^{16}$).......	171-173
Heptène	($C^{7}H^{12}$).......	103-105
(tétrahydrure de toluène)		

On recommande de faire la distillation de la colophane en présence d'une petite quantité de chaux, dans le but de donner de la fluidité aux huiles.

Les huiles de résine

Les produits de la distillation qui passent après l'essence, et que l'on sépare généralement en 3 portions, constituent les huiles de résine. Elles ont des reflets jaunâtres, bleuâtres ou verdâtres, d'où les noms suivants :

Huiles blondes ;

Huiles bleues ;

Huiles vertes.

On obtient aussi des huiles qu'on peut considérer comme *huiles noires*.

Les huiles blondes, qui passent au début de la distillation, constituent la majeure partie des huiles de résine (environ 70 à 75 pour 100). Assez peu colorées en jaune brun, leur densité est très voisine de 1 ; elles sont absolument incongelables. Comme elles contiennent toujours une quantité plus ou moins forte de colophane entraînée sans décomposition, elles ont l'inconvénient de se résinifier au contact de l'air, ce qui limite leur emploi, malgré leurs propriétés lubrifiantes très marquées. Les industriels qui en font usage pour le graissage des machines ne les emploient pas pures : ils font généralement un coupage avec une huile minérale, à raison de 1/3 environ d'huile de résine.

Avec ces huiles blondes on fait, par redistillation, les très belles qualités d'huile de résine.

L'épuration à l'aide de vapeur d'eau, qui entraîne l'acide acétique, est insuffisante pour obtenir les qualités pâles. Pour obtenir des produits épurés et clairs, on fait la redistillation en présence de 6 pour 100 de chaux.

La fig. 4 représente l'appareil employé : l'huile à épurer se place dans un réservoir B et est chauffée par les vapeurs d'huile épurée. L'huile est amenée dans le récipient B par le conduit C. A l'aide du robinet *b*, on remplit la chaudière en fonte A chauffée à feu nu.

L'huile épurée est condensée par le serpentin E et le serpentin D condense les gaz qui se dégagent du récipient B.

Les impuretés restent combinées à la chaux dans la chaudière A.

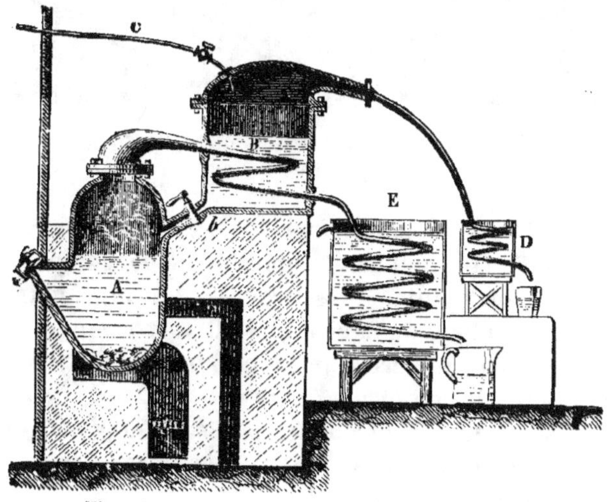

Fig. 4. — Appareil à épuration de l'huile

Signalons encore l'appareil Carde qui permet de séparer, en cours de fabrication, les huiles blondes

des autres huiles. L'appareil se compose de 3 chaudières (fig. 5). La première A reçoit la colophane par
le trou de charge *a* et comme elle est relativement
peu chauffée, la colophane y fond simplement.

Les deux chaudières de distillation B et C, munies,
chacune d'un réfrigérant spécial, communiquent

Fig. 5. — Appareil Carde pour la distillation
de l'huile de résine.

entre elles, par la partie inférieure, à l'aide du tube C.
Quand on fait couler, en marche, de la colophane
fondue par le tube *b*, les produits les plus lourds
qui sont au fond de la chaudière B se trouvent chas-
sés dans la chaudière C pendant que la chaudière B
se remplit de colophane fraîche.

De sorte que, la chaudière B distille toujours des
huiles blondes, tandis que la chaudière C, distille
toujours des huiles colorées.

Les belles huiles blondes de redistillation sont
moins épaisses et plus limpides que les huiles blondes brutes.

Mais on trouve dans le commerce des huiles de résine tout à fait blanches. Généralement on les obtient par filtration et décoloration solaire, sous des lames de verre, des plus belles huiles blondes de redistillation.

Quelle que soit la blancheur de ces huiles de résine, elles présentent, très marqué, le phénomène de dichroïsme : alors que par transparence l'huile paraît parfaitement blanche, la surface réfléchit de très belles nuances bleu indigo.

Les Anglais fabriquent pourtant des huiles de résine parfaitement blanches et ne présentant pas du tout le phénomène de dichroïsme.

Après les huiles blondes passent les huiles bleues : la fluorescence bleue qu'elles présentent est très marquée. Leur densité est également très voisine de 1.

Les huiles vertes, qui passent à la fin de la distillation, ont une fluorescence d'un beau vert : elles contiennent une proportion plus ou moins forte d'eau.

Dans chacune de ces 3 classes d'huiles, l'industrie fait encore des subdivisions et le nombre de types d'huiles offertes commercialement est assez grand.

Quand la distillation est terminée, il reste dans la chaudière un résidu charbonneux très dur que l'on ne peut enlever, avant de recommencer une nouvelle distillation, qu'à coups de pic ou de ciseau. Certains industriels préfèrent ne pas pousser la distillation aussi loin, de façon à laisser dans la chaudière un résidu pâteux que l'on enlève très facilement alors par vidange.

L'odeur des huiles de résine est forte et caractéristique. On a proposé de l'enlever par un traitement à la soude suivi d'un lavage à l'eau sulfurique. Mais, outre que le procédé est assez coûteux, il ne permet pas de faire disparaître complètement l'odeur.

Toutes les huiles de résine entrent en ébullition à une température dépassant 300°. L'acide sulfurique les sépare en 2 portions : l'une insoluble dans l'acide, l'autre soluble, mais séparable par addition d'eau.

D'après M. A. Renard (1) les huiles de résine seraient ainsi composées :

Ditérébenthyle	$C^{20}H^{30}$..	80 pour 100
Ditérébenthylène	$C^{20}H^{28}$..	10 »
Didécène	$C^{20}H^{36}$..	10 »

Ces carbures ont les caractères suivants :

Ditérébenthyle...	Indice de réfraction 1.530
Ditérébenthylène.	$D_{12} = 0,9821$
Didécène........	$D_{12} = 0,9362$

Nous avons déterminé les densités, les indices de réfraction (pour les huiles suffisamment peu colorées) et les chiffres d'absorbtion d'iode pour les principales huiles de résine que l'on rencontre dans le commerce.

Les densités suivantes ont été prises à la balance de Mohr :

Huile de résine XXX.....	$D_{13} = 0,970$
» D........	$D_{13} = 0,977$
» BB.......	$D_{13} = 0,982$
» V........	$D_{13} = 0,987$
» W	$D_{13} = 0,988$

(1) *Moniteur Scientifique*, année 1888.

Les indices de réfraction au réfractomètre de M. Fery.

Huile de résine D........   1.539
»   XXX.....   1.535

Pour les autres types d'huiles, la coloration ne permet pas de faire une mesure de l'indice de réfraction.

Nous avons déterminé les chiffres d'absorbtion d'iode en employant la méthode que nous avons décrite à propos de l'analyse des huiles :

Huile de résine XXX.....   126
»   D........   102,8
»   V........   56,6
»   W   77,8

L'huile de résine XXX est tout à fait blanche, le type D est peu coloré ; le type BB a des reflets bleus et les huiles V et W des reflets verts.

Comme on le voit, les huiles de résine les moins colorées sont celles dont la densité et l'indice de réfraction sont les plus faibles ; mais elles ont en revanche un chiffre d'iode beaucoup plus élevé que les huiles colorées. Il en est d'ailleurs exactement de même pour les essences brute et rectifiée de résine.

Les emplois des huiles de résine sont assez nombreux : les huiles pâles sont mélangées à toutes les huiles végétales, en exceptant toutefois les huiles comestibles. Les différents types servent à faire des huiles de graissage, des graisses pour camions, wagons et grosses machines.

Enfin, nous aurons occasion de signaler leur

emploi dans la fabrication des encres d'imprimerie communes.

Nous avons également dit qu'il est fort probable qu'une assez sérieuse quantité d'huile de résine blanche est ajoutée frauduleusement à l'essence de térébenthine.

Le bénéfice réalisé, même à faible dose, est assez sérieux, puisque l'huile blanche de résine ne coûte guère que 30 francs les 100 kgs.

CHAPITRE III

FABRICATION DES HUILES SICCATIVES

Nous avons eu occasion de dire que la fabrication des vernis comportait trois opérations principales dont la seconde était l'introduction de l'huile dans la gomme fondue.

Logiquement, il semble que l'on devrait commencer par la description de la première opération, c'est-à-dire la fusion des gommes ; mais, comme on peut ajouter aux gommes fondues soit de l'huile de lin crue, soit une huile rendue préalablement siccative, il nous paraît utile de parler d'abord de ce traitement préalable de l'huile, ce qui nous permettra ensuite de renfermer alors toute la fabrication proprement dite des vernis en un seul chapitre.

L'huile de lin, après expression, a besoin d'un long repos pour être complètement clarifiée et propre à la fabrication des vernis. Plus on consentira à conserver longtemps en magasin l'huile destinée à la fabrication des vernis, plus grandes seront les chances d'obtenir des produits de qualité supérieure. Pour augmeuter le pouvoir siccatif de l'huile de lin on a recours à l'action de la chaleur seule, à l'action combinée de la chaleur et de certains oxydes ou sels métalliques, ou, comme l'a proposé M. Livache, à l'action de certains métaux en poudre.

Préparation des huiles cuites

Cuisson par l'action de la chaleur. — Chevreul a constaté le premier que l'action de la chaleur sur l'huile de lin avait pour résultat d'augmenter sa siccativité, en ayant soin de se maintenir dans des conditions de temps et de température déterminées. Sur ce point les auteurs ne sont pas d'accord. C'est ainsi qu'on peut lire : « C'est probablement pour la même raison (1) que Mulder a trouvé que l'huile de lin, chauffée seulement à 70°-100°, séchait moins bien que l'huile crue » (2) et aussi : « L'huile de lin chauffée pendant 8 heures à une température de 70° a accru sa propriété siccative » (3).

La vérité est que l'action de la chaleur pendant un temps plus ou moins long et à des températures variant entre 150 et 300° permet d'obtenir des huiles plus siccatives que l'huile crue et relativement peu colorées, si l'action de la chaleur a été convenablement surveillée. Il faut surtout éviter de porter trop rapidement l'huile à une température élevée.

Les huiles ainsi obtenues sont plus ou moins *corsées*, c'est-à-dire *épaisses*, selon que l'action de la cha-

---

(1) Production d'acide linoléique.
(2) Livache, *Vernis et huiles siccatives*, page 177.
(3) Halphen, *Couleurs et vernis*, page 279.

leur a été plus ou moins prolongée. On peut obtenir des huiles dites :

Vernis faible.

Vernis moyen.

Vernis fort.

Vernis mordant.

Le vernis fort et le vernis mordant sont des huiles amenées à une consistance pâteuse pour le premier, et presque solide pour le second.

En restant dans des limites moyennes de température et de durée, on obtient des huiles plus corsées que l'huile crue et plus siccatives ; elles ont été recommandées depuis longtemps par Tripier-Deveaux pour la préparation des vernis gras blonds.

Cuisson avec oxydes métalliques. — On a toujours remarqué que l'addition, pendant la cuisson, de certains oxydes métalliques, notamment des oxydes de plomb, permettait d'obtenir une huile colorée mais très siccative.

Comment agissent ces oxydes métalliques ? C'est une question à laquelle M. Livache a consacré de nombreuses expériences. D'une façon générale, on admettait que l'augmentation de siccativité était due à la formation de linoléate de plomb et d'acide linoléique libre. Mais, comme le fait observer M. Livache, l'acide linoléique ne sèche pas aussi vite que la linoxine, et le linoléate de plomb est un corps devenant rapidement cassant et friable, ce qui n'a pas lieu pour une couche desséchée d'huile cuite.

Les experiences de M. Livache sur des huiles traitées par du plomb très poreux et à froid, et sur des huiles ainsi traitées dans lesquelles le plomb a été remplacé par du manganèse (en agitant l'huile traitée au plomb avec du sulfate de manganèse) lui ont permis de conclure que ces métaux, plomb ou manganèse, jouaient le rôle d'intermédiaires et que ce sont eux qui prennent l'oxygène à l'air d'une façon continue pour le donner, également d'une façon continue, à l'huile dont l'oxydation se fait alors plus rapidement. En un mot on se trouve en face d'actions de présence dont on a en chimie de nombreux exemples. En effet, une huile au manganèse étalée en couche mince augmente d'abord de coloration par une oxydation plus élevée du manganèse, puis, la coloration va ensuite en diminuant pour disparaître totalement, l'oxygène de l'oxyde de manganèse donnant à l'huile, pour son oxydation propre, l'oxygène qu'il avait pris primitivement à l'air.

En remplaçant le plomb ou le manganèse par d'autres métaux, les résultats obtenus sont différents. Les voici d'après M. Livache (1) :

« J'ai fait de nombreux essais, en opérant par cette voie détournée (2), et j'ai constaté les résultats suivants, au point de vue de la dessication plus ou moins rapide à l'air de l'huile obtenue : Si l'on part d'une huile à base de plomb, qui, étalée en couche mince sur une lame de verre, sèche en 24 heures, on obtient en substituant le manganèse au plomb, une huile qui, placée dans les mêmes conditions, sèche complètement en 5 ou 6 heures ; en substituant au plomb le cuivre, le zinc, le cobalt, l'huile obtenue ne

____

(1) Comptes rendus à l'Académie. Décembre 1883.
(2) Substitution d'un métal au plomb dans une huile contenant du plomb.

sèche qu'en 30 à 36 heures; enfin les huiles obtenues en substituant au plomb le nickel, le fer, le chrôme, etc., ne sont complètement sèches qu'après 48 heures ».

L'action des différents oxydes métalliques à températures déterminées a été examinée scientifiquement par M Thorps (1), en opérant sur une huile de lin de Calcutta, dans des vases de Bohême contenant 50 cc. d'huile et placés sur un bain de sable ou dans un bain d'huile. Voici quelques résultats extraits du travail de M. Thorps.

Litharge, 1 gr. à 220°, 2 heures 15. Couche incolore séchant en 6 heures.

Litharge, 0 gr. 2 à 250°, 2 heures 15. Couche incolore séchant en 10 heures.

Minium, 1 gr 024 à 280°, 2 heures 30. Couche fortement colorée séchant en 24 heures.

Oxyde de zinc, 0 gr. 5 à 250°, 2 heures 15. Couche presque incolore séchant en 45 heures.

Peroxyde de plomb, 1 gr. 072 à 220°, 1 heure 30. Couche fortement colorée séchant en plusieurs jours.

Il convient de considérer ces nombres comme des renseignements scientifiques intéressants, mais ne pas croire qu'ils correspondent à ce que l'on trouverait en étudiant des huiles préparées industriellement, comme le démontreront les nombres que nous donnons plus loin.

Cuisson avec sels métalliques. — On a proposé, à côté des oxydes de plomb, de manganèse ou de zinc, toute une série de sels, parmi lesquels les plus

(1) *Moniteur scientifique*, 1891.

importants sont les sels de manganèse : J. Casthelaz
a recommandé l'emploi de l'oxalate de manganèse à
raison de 2 à 5 0/0 à la température de 160° ; Zien-
kowietz, le premier, a utilisé les borates, benzoates
et succinates de cobalt ou de manganèse. Le sulfate
de zinc, en mélange avec du plomb et de l'étain, a été
également préconisé, ainsi que le sulfate de plomb et
la céruse. On peut dire que tous ces produits ne sont
que d'un emploi très limité, et que l'industrie utilise
surtout les oxydes de plomb et de manganèse.

Voici quelques chiffres du mémoire de M. Thorps :

Sulfate de zinc, 1 gr. 5 à 230°, 2 heures. Couche
jaune séchant en 45 heures.

Borate de zinc, 0 gr. 5 à 240°, 1 heure 30. Couche
presque incolore séchant en 46 heures.

Acétate de manganèse, 0 gr. 5 à 250°, 2 heures.
Couche fortement colorée séchant en 20 heures.

Borate de manganèse, 1 gr. 625 à 220°, 2 heures 15.
Couche incolore et dure séchant en 20 heures.

Sulfate de manganèse, 1 gr. 72 à 240°, 2 heures.
Couche incolore séchant en 40 heures.

Citrate de manganèse, 1 gr. 5 à 230°, 1 heure 30.
Couche colorée en noir séchant en 24 heures.

Oxalate de manganèse, 1 gr. à 240°, 2 heures 45.
Couche jaune séchant en 48 heures.

Avant d'examiner au point de vue pratique la cuisson des huiles, nous donnons ci-dessous la valeur
comme oxydants, d'après Andès, des différentes substances employées.

1° *Oxydants énergiques* : Les différents oxydes de
plomb, notamment la litharge et le minium ; l'hy-

drate et le bioxyde de manganèse, le borate de manganèse.

2° *Oxydants faibles* : Sulfate, carbonate et sous-acétate de plomb ; acétate de manganèse ; sulfate et
oxyde de zinc ; terre d'ombre.

La terre d'ombre, dont on fait usage en peinture,
agit comme oxydant faible, d'ailleurs très employée
dans la cuisson des huiles, parce qu'elle contient
des proportions plus ou moins fortes d'oxydes de
manganèse.

Enfin, comme l'a également fait remarquer Andès,
une foule de produits, jadis employés, doivent être
regardés comme tout à fait inutiles ; ce sont principalement : la ponce, le gypse, le noir animal, l'acide
borique, les excréments de chien, le pain, les
oignons, l'ail, etc.

Signalons enfin que M. Hassner a recommandé
l'emploi des plombates de baryte, de strontiane et
de chaux (1).

Pour terminer ces considérations générales sur la
cuisson des huiles, nous ne croyons mieux faire que
de reproduire les conclusions que M. Livache a tirées
de ses expériences :

« La siccativité sera d'autant plus active que l'on
fera entrer moins d'acide linoléique en combinaison
puisque la linoléate de plomb absorbe moins d'oxygène que la linoléine et devient cassant ; il suffit
d'introduire une quantité de plomb ou de manganèse *suffisante* pour prendre à l'air la quantité d'oxy-

---

(1) Ces plombates sont obtenus par calcination au four d'un
mélange d'oxydes alcalino-terreux et d'oxyde de plomb.

gène *nécessaire* pour l'oxydation de la linoléine *au fur et à mesure* que cette oxydation se produit » (1).

La conclusion qu'une quantité de plomb ou de manganèse plus grande n'augmenterait pas l'oxydation, n'est pas suffisante pour que, dans la pratique courante, on s'en tienne toujours aux mêmes proportions : il est des cas où une exagération dans la charge en siccatifs est nécessaire pour répondre à certains besoins spéciaux.

Nous avons vu qu'il y avait un grand intérêt à ne travailler que des huiles parfaitement clarifiées et reposées. Les huiles crues arrivent à l'usine dans des fûts en bois ; on les pompe immédiatement dans des réservoirs métalliques où on les laisse reposer plusieurs mois avant de les faire entrer en fabrication. Certains industriels, pour les vernis de première qualité, n'emploient même que des huiles de lin de pays ayant de 1 à 2 ans de réservoir. De pareilles huiles ont un brillant et une limpidité tout à fait remarquables.

Ayant une huile de bonne qualité et bien reposée, l'opération de la cuisson se fait d'une façon très simple, dans des chaudières en cuivre, en tôle de fer ou même en fonte, selon les fabriques ; ces dernières sont particulièrement recommandables, à condition de surveiller attentivement le fer, et de bien remuer pour éviter l'adhérence des produits ajoutés. Ces chaudières doivent être recouvertes de hottes mobiles pour l'évacuation des vapeurs qui se dégagent pendant la cuisson ; les ordonnances de la préfecture

---

(1) Livache, *Vernis et huiles siccatives*, page 185.

ne permettent pas de se soustraire à cette obligation, même dans les locaux élevés et bien aérés où l'utilité ne s'en fait pas sentir. Les chaudières sont placées sur des massifs en maçonnerie et le combustible, généralement du coke, dans des chariots métalliques mobiles sur des rails. La manœuvre des chariots se fait à l'extérieur, ce qui permet d'écarter d'une façon à peu près parfaite toutes les chances d'incendie. Dans certaines usines le foyer est fixe et la chaudière mobile ; on ne peut alors opérer que sur des quantités d'huile relativement faibles.

I. — Cuisson par l'action de la chaleur seule.

Quand on opère sans addition des produits dont il a été question plus haut, c'est-à-dire par l'action de la chaleur seule, ce qui est le cas, surtout dans la préparation des huiles spéciales pour l'imprimerie, on conduit le feu différemment, selon que l'on désire obtenir des huiles faibles ou fortes, c'est-à dire peu ou très corsées ; la durée de l'opération d'une part, la température à laquelle on porte l'huile d'autre part, permettent, en y joignant l'usage de certaines considérations que l'expérience seule permet d'apprécier, d'obtenir des huiles peu colorées et présentant toutes les qualités exigées pour leur emploi. On peut admettre que la cuisson, par la simple action de la chaleur, donne environ les pertes suivantes sur l'huile brute mise en œuvre :

1° pour obtenir une huile dite	*faible*			3	p. 100.
2°	—	—	*moyenne*	6	—
3°	—	—	*forte*	12	—
4°	—	—	*mordant*	16	—

Une méthode de cuisson des huiles, dans laquelle on utilise l'action de l'oxygène, a fait l'objet d'un brevet (1). L'appareil (fig. 6) permet une agitation continue et une action à chaud ou à froid. L'oxygène arrive en a par la partie inférieure et traverse l'huile en s'échappant par les trous du serpentin perforé s. Les palettes f sont mobiles, et les palettes b fixes. L'huile oxydée s'écoule par le tube d et l'oxygène ayant traversé l'huile, par le tube c. C'est à l'aide de la double enveloppe n que l'on peut chauffer ou refroidir l'huile ; en e se trouve placé un trou d'homme.

R. Pummerer avait déjà proposé (2) l'action de l'air, de l'oxygène ou de l'ozone, en vase clos à des températures extrêmement variables ; il opérait à l'aide d'une pompe foulante et aspirante tant qu'il y avait absorption.

L'air ozoné a été également employé par Schrader et Dumeke (3) pour augmenter la siccativité de l'huile de lin. Ils opéraient sur l'huile additionnée d'une petite quantité de vernis et placée dans des vases hauts et étroits chauffés à la vapeur.

II. — Cuisson en présence des oxydes de plomb.

Nous avons eu l'occasion de dire que la cuisson s'opérait le plus généralement en présence d'oxydes de plomb, et en particulier de la litharge. Les

(1) Brin. Brevet 181.662, année 1887.
(2) 1879, Brevet 130.544.
(3) 1879, Brevet 128.880.

quantités à employer sont essentiellement variables

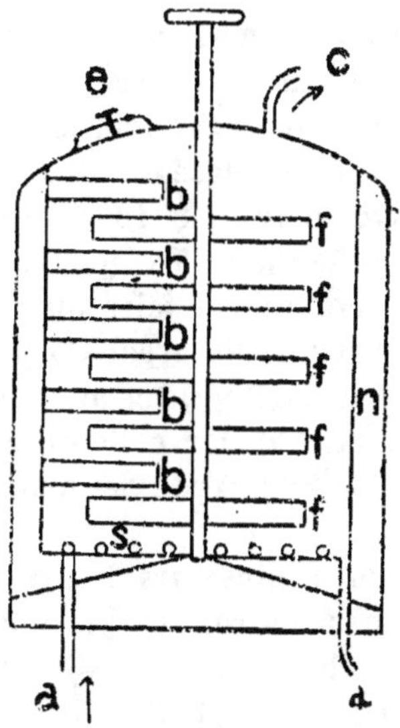

Fig. 6.

et nous résumons dans le tableau suivant les chiffres
donnés dans les différents traités :

	Huile de lin	Litharge	Litharge pour 100 d'huile
(1)	25 k.	4 k. 750	19
(2)	200 k.	20 k.	10
(3)	50 k.	2 k.	4
(4)	25 k.	4 k. 750	19
(5)	100 k.	3 à 8 k.	3 à 8

(1) Halphen, *Couleurs et vernis*.
(2) Naudin, *Fabrication des vernis*.
(3) Livache, *Vernis et huiles siccatives*, d'après Andès.
(4) R. Lemoine et du Manoir, *Manuel pratique de la fabrication des couleurs*.
(5) Villon, *Les corps gras*.

On peut voir ainsi dans quelles proportions **extra-ordinaires** varient les renseignements donnés ; le premier et le quatrième, qui ne donnent pas la source, sont évidemment pris au même auteur. D'ailleurs, il est absolument inutile, pour la cuisson courante, de porter la dose de litharge à cette proportion excessive de 19 pour 100. Le nombre donné par Andès constitue un chiffre moyen : on peut admettre qu'il est possible de faire une bonne cuisson avec 5 à 6 pour 100 de litharge. On peut augmenter encore la siccativité de l'huile en ajoutant à la litharge une certaine quantité de terre d'ombre qui agit, nous l'avons déjà dit, par l'oxyde de manganèse qu'elle contient.

L'opération dure plusieurs heures et l'on doit remuer de temps à autre : on place la litharge soit dans un sac en toile métallique, soit dans un camion perforé maintenu au sein de l'huile.

On emploie parfois, au lieu de la litharge seule, **un** mélange de litharge et de minium. Enfin, quand on veut avoir des huiles de lin cuites peu colorées, on s'adresse à la litharge en poudre et on opère la cuisson en présence d'eau.

III. — Cuisson aux sels de plomb.

On peut faire une cuisson d'huile de lin à l'aide de la céruse, en ne poussant pas trop le feu, et en cessant la cuisson quand la mousse formée pendant l'action a disparu. Enfin, on ajoute parfois à la litharge et au minium de l'acétate de plomb.

IV. — Cuisson avec les composés du manganèse.

Le bioxyde de manganèse a été employé par Leclaire, à raison de 5 p. 100. Gromman et Bincks ont indiqué l'hydrate manganeux.

L'oxalate de manganèse a été recommandé par John Castelaz (1). Il se décompose dans l'huile chauffée vers 150°. On malaxe l'oxalate avec 1 ou 2 fois son poids d'huile, et on ajoute la pâte ainsi obtenue, peu à peu, dans l'huile à cuire. La cuisson doit être opérée lentement. On peut obtenir aussi, avec 3 à 5 pour 100 d'oxalate, des huiles peu colorées (en brun clair).

L'emploi du borate de manganèse donne des huiles cuites brun foncé. On opère comme il vient d'être dit pour l'oxalate (2), mais on n'emploie que 0,10 à 0,13 pour 100 de borate, et l'opération demande un quart d'heure d'ébullition.

Signalons enfin le procédé au résinate de manganèse, et celui au linoléate de manganèse (3) qui permettrait d'obtenir des huiles siccatives pâles (?)

V. — Procédés divers.

Quantité d'autres procédés ont été recommandés pour la cuisson des huiles : action de l'eau oxygénée, du permenganate de potasse, etc. ; nous n'en signalerons que quelques-uns.

(1) *Bulletin de la Société chimique,* 1888.
(2) Procédé Barruel et Jean.
(3) *Moniteur Quesneville,* IX, p. 717, Hartley. Quelques faits relatifs à la cuisson des huiles.

L'eau oxygénée a été employée de la façon suivante : on fait flotter l'huile à la surface d'une couche d'eau contenant 10 volumes d'eau oxygénée, et on porte les chambres, où est placé ce mélange, à une température voisine de 100° (1).

L'utilisation de l'huile d'éléococca a été proposée de la façon suivante (2) : On saponifie cette huile par un alcali et on transforme le savon obtenu, à l'aide d'un sel neutre soluble, en un savon de plomb ou de manganèse. Ces savons sont ajoutés, à chaud, à l'huile de lin et augmentent ainsi, parait-il, considérablement sa siccativité.

L'acide azotique permet aussi d'augmenter la siccativité de l'huile de lin. On emploie :

Huile de lin. . . . . . .   250 kgs.
Acide azotique à 40 . . .   70 à 80 grammes.

On opère à chaud, ce qui permet de classer ce procédé dans les procédés de cuisson. On laisse l'huile refroidie au contact de l'air pendant plusieurs jours.

En terminant l'analyse rapide que nous venons de faire des différents procédés de cuisson, faisons remarquer que ceux utilisant les oxydes de plomb, seuls ou en mélange avec les composés du manganèse, sont à peu près les seuls employés dans l'industrie des vernis.

---

(1) The alboline oil and varnish company limited. Brevet 208038, année 1890.
(2) Brevet anglais 12508, 3 juin 1898.

Préparation d'huiles siccatives à froid.

On a cherché à rendre l'huile de lin siccative sans le concours de la chaleur, surtout dans le but d'obtenir des huiles siccatives moins colorées. Le procédé simple, recommandé par Chevreul, consistait à faire couler l'huile en couches minces sur des plateaux en plomb.

Liebig avait proposé l'emploi d'une pâte à l'eau de litharge et de sous-acétate de plomb.

Le procédé Dullo (1), dont il est question dans quelques ouvrages, est le suivant : On place 250 kgs. d'huile dans une chaudière en cuivre avec 7 kg. 5 de bioxyde de manganèse et 7 kgs. 500 d'acide chlorydrique, puis on brasse le tout avec une spatule en zinc : il est bon de prolonger l'action pendant 2 heures. On laisse reposer une nuit et on décante.

Nous avons essayé ce procédé : l'huile obtenue est peu colorée, elle sèche *en surface* assez rapidement mais demande beaucoup de temps pour sécher *à fond*. De plus, au bout d'un temp assez court, la surface obtenue se ride.

On a également proposé l'emploi de l'acide chlorhydrique à raison de 2 pour 100. On sépare l'huile, et on la lave plusieurs fois à l'eau pour faire disparaître toute trace d'acidité.

Bincks à indiqué un procédé à l'hydrate manganeux 1/2 pour 100 à froid) et Bouis un procédé à l'oléate de plomb.

Enfin, M. Livache emploie le plomb divisé, obtenu

(1) Bulletin de la Société chimique 1866. — VI page 351.

en précipitant une solution d'un sel de plomb par
des lames de zinc. Voici la description qu'il donne
de son procédé (1).

« Pour 100 kgs. d'huile de lin, la préparation et
les proportions sont les suivantes : dans 15 litres
d'eau on dissout 3 kgs. de nitrate de plomb ; on
ajoute 6 à 7 cc. d'acide nitrique, puis des lames de
zinc (600 gr. environ). Le plomb précipité est mis dans
de grands entonnoirs, fermés à la partie inférieure
au moyen de tampons de fibres de bois ou mieux de
varech ; on lave *rapidement* en versant de l'eau, puis
on verse doucement une petite quantité d'huile, qui
déplace l'eau imbibant la masse poreuse du plomb
précipité ; lorsque l'huile sort bien limpide à la base
de l'entonnoir, et que, par conséquent, toute l'eau a
été déplacée, on verse la bouillie ainsi obtenue dans
le récipient contenant 100 kgs. d'huile, et on soumet
à une agitation fréquente.»

L'huile ainsi obtenue contient un peu de plomb,
sa fluidité est la même que celle de l'huile brute, elle
sèche complètement, dit l'auteur, en 24 heures.

M. Livache recommande de traiter l'huile ainsi
obtenue par 1 kg. 5 de nitrate de manganèse, d'agiter plusieurs fois par jour pendant 2 ou 3 jours,
laisser reposer et décanter.

Pour faire disparaître l'excès du nitrate de manganèse (sel déliquescent) on ajoute à l'huile décantée
0 k. 750 d'oxyde de plomb précipité et sec. Il paraîtrait qu'une telle huile reposée sèche à l'air, en couche mince, en 6 heures.

(1) Livache. Vernis et huiles siccatives page 223.

Certains industriels emploieraient ce procédé,
mais en chauffant l'huile à une température modérée,
pour éviter le gras que laisserait l'huile traitée à
froid simplement, gras dû à de petites quantités de
glycérine. On trouvera quelques renseignements pratiques sur l'emploi du procédé dans l'ouvrage de
Villon sur les corps gras (1).

Des différents modes de cuisson.

1°. *Cuisson à feu nu.* — C'est celui qui est le plus
généralement employé et nous avons indiqué plus
haut les différentes dispositions adoptées (foyers fixes
ou mobiles). La conduite du feu, dans ces conditions,
est assez facile avec un ouvrier ayant de l'expérience :
il faut éviter, par dessus tout, les coups de feu qui peuvent faire perdre toute une opération.

Il est toujours recommandable de faire usage d'un
thermomètre placé dans une gaine métallique et de
se maintenir, dans le procédé de cuisson aux oxydes
de plomb, à une température comprise entre 200 et
230°s. Pendant toute la durée de l'opération, il faut
agiter de temps à autre à l'aide d'une grande spatule
en fer. Les vapeurs odorantes qui se dégagent, surtout
au début de la cuisson, sont entraînées facilement
par la hotte : il ne faut pas oublier qu'elles sont
inflammables.

Pour éviter toute propagation du feu, en cas de
commencement d'incendie, on place au-dessus de

(1) Villon. *Les corps gras*, pages 146 et 147.

la chaudière, si la hotte est fixe, un couvercle mobile autour d'une charnière, couvercle maintenu par une corde : au début de l'incendie, cette corde, en s'enflammant, laisse tomber le couvercle qui recouvre alors complètement la chaudière.

On a également proposé, mais sans grand succès, d'envoyer, sous les foyers, pour les y brûler, les vapeurs qui se dégagent de l'huile en cuisson.

2° *Cuisson à l'air chaud*. — On a proposé l'emploi de l'air surchauffé, utilisé, soit dans des chaudières à double fond, soit dans des chaudières à serpentin : l'air, après avoir agi dans le serpentin ou sous le double fond, retourne au surchauffeur pour venir agir à nouveau, et ainsi de suite.

3° *Cuisson à la vapeur*. — On opère comme ci-dessus, mais en employant de la vapeur d'eau surchauffée. Andès, qui a utilisé ce procédé, recommande d'opérer avec une chaudière à double fond : les huiles obtenues sont d'une couleur très claire et bien siccatives.

Ce procédé de cuisson à la vapeur surchauffée mérite de fixer l'attention, mais nous ne pensons pas qu'il en soit fait usage dans l'industrie des vernis, d'autant plus qu'une huile ainsi cuite n'a pas été portée à une température suffisante pour faire disparaître toute la glycérine, ce qui empêche l'huile obtenue de sécher à fond.

Propriétés des huiles cuites

L'huile de lin cuite dans de bonnes conditions a une couleur brun rouge. Sa fluidité est moindre que celle de l'huile crue. Voici les variations de consistance et de densité qui ont été signalées :

	Degré oléométrique (1)	Densité
Huile crue.............	29	0.9325
« cuite au plomb....	24	0.9433
« « au manganèse.	26	0.9389

Nous avons donné plus haut le temps que demandent pour sècher les huiles cuites, d'après les auteurs des différents procédés.

Voici les déterminations que nous avons faites sur une huile crue et sur une huile cuite obtenue avec cette huile crue.

	Densité à 15°	Absorption d'iode
Huile de lin crue.	0.932	162.9 à 164.5
« « cuite n° 1	0.942	171 à 172.7
« « « n° 2	0.959	167.6 à 169.7

Comme on le voit, le chiffre d'absorption d'iode varie très peu quand on passe de l'huile crue à l'huile cuite. L'huile n° 1 était cuite au plomb et au manganèse à raison de 1.50 0/0 d'oxyde plomb, et l'huile n° 2 au plomb et au manganèse également, à raison de 6 pour 100 de litharge. Dans la première huile, la proportion de manganèse était un peu plus grande que dans la seconde.

L'épaississement des huiles siccatives peut être obtenu en prolongeant la cuisson, en poussant la température et en augmentant la quantité de siccatif. Il est facile, en faisant varier ces 3 facteurs, d'obtenir une huile siccative aussi épaisse qu'on le désire.

(1) A l'oléomètre Fischer et Brix, d'après M. Livache.

Succédanés d'huile de lin cuite.

L'huile de lin cuite est l'huile cuite siccative que l'on utilise couramment dans l'industrie des vernis. Pourtant, par raison d'économie, on a proposé certains succédanés : l'huile de résine, qu'il est facile de se procurer à bas prix a naturellement attiré l'attention. Pour rendre cette huile siccative, on fait un mélange de résinate ou de linoléate, de manganèse et d'hyposulfite de soude, et l'on incorpore le tout à chaud (1). M. Kress emploie (2) :

100 parties d'huile de résine.
   3   «   de litharge.
 20   «   de terreau.
 10   «   de protoxyde de manganèse.

à l'ébullition pendant 2 heures.

On a également proposé différents procédés pour rendre siccative l'huile de poissons (3).

Enfin, plus récemment, un brevet a été pris pour la « fabrication d'huile siccative dans laquelle le pétrole entre pour la plus grande part. » On fond, dans 100 parties de pétrole chauffé, 75 parties de résine, et on ajoute de 2 à 5 parties de chaux vive en remuant vivement, puis de 3 à 5 parties d'eau par petites doses. On peut encore ajouter la chaux, sous formes de lait, en la mélangeant à l'eau.

La chaux est préférable aux autres oxydes. Pour obtenir une huile plus siccative, on peut remplacer par-

(1) Pour plus de détails voir le *Moniteur Scientifique*, page 1195, année 1890.
(2) Brevet de 1891.
(3) Halphen, *Couleurs et vernis*, pages 305 et 307.

tie de la chaux par de l'oxyde de zinc. Dans ce but, on chauffe l'huile siccative et l'on ajoute, par exemple, du sulfate de zinc, qui donne un sel de chaux insoluble par double décomposition (1).

Nous avons obtenu une huile employable en opérant à la chaux seulement ; mais, en ajoutant du sulfate de zinc, nous avons eu un produit absolument inemployable.

(1) Weygan's Oil Product Cy Limited, Brevet 288.546.

FABRICATION DES VERNIS GRAS

Choix des Gommes

Il convient, avant d'entrer dans le détail de la fabrication des vernis gras, de donner quelques explications sur le choix des gommes ; bien que, de plus en plus, le nettoyage et le triage se fassent de moins en moins dans la fabrique de vernis, qui peut se procurer très facilement des lots bien nettoyés et bien homogènes.

Les différentes gommes employées fondant à des températures essentiellement différentes, il en résulte que certaines variétés, dont les points de fusion sont trop éloignés, ne peuvent pas être fondues ensemble. Il ne faut pourtant pas exagérer et croire qu'il est impossible, comme on l'a trop souvent écrit, de fondre ensemble 2 gommes ayant des points de fusion différents : c'est une question d'habileté professionnelle qu'il est assez facile de résoudre. Partant de ce principe de la fonte des gommes à même point de fusion, Tripier-Devaux essayait les lots à l'aide d'une barre de fer portée à une température élevée, voisine de celle du rouge, et, plaçant sur cette barre les morceaux de gommes, il faisait une classification en 3 classes d'après les caractères suivants : les gommes les plus tendres grillent, les demi-dures fondent facilement. et, les dures, avec difficulté.

Par voie humide, on a proposé le procédé suivant : faire tremper les gommes dans une solution de potasse caustique à 1 pour 0/0 et maintenir à l'ébullition pendant quelque temps, ou laisser en contact à froid pendant 2 jours ; retirer les gommes et les laver à grande eau : on juge de la qualité de dureté d'après le ramollissement plus ou moins grand des morceaux séchés.

Les marchands de gommes, qui reçoivent les produits des pays d'origine, font généralement des classifications par nuances et par grosseurs ; pourtant, notamment pour la gomme de Madagascar, le fabricant peut se procurer des lots contenant des morceaux de toutes les grosseurs et de toutes les nuances et faire alors lui-même la classification et au besoin le lavage. La classification par grosseur et nuance peut se faire très facilement à l'aide d'une série de tamis.

Nous aurons l'occasion de dire que, pour la gomme Dammar, Batavia expédie, soit du tout venant, soit des caisses classées en 5 numéros marqués A. B. C. D. E, allant des gros morceaux à la poussière.

Le lavage a pour but de faire une attaque de la croûte recouvrant les morceaux de gomme, croûte contenant souvent une grande partie des impuretés. L'attaque obtenue, une agitation suffit pour détacher les parties attaquées.

On opère dans des paniers ou dans des cuves en bois et on traite par une solution d'un carbonate alcalin caustique (la solution est généralement à 5 pour 100).

La durée d'action varie avec la nature de la gomme traitée et son état de propreté. Quelquefois, pour bien débarrasser les morceaux de la croûte attaquée, on les fait passer dans un laveur à brosse.

Les gommes nettoyées sont ensuite parfaitement lavées à l'eau : il faut que la dernière eau de lavage ne contienne plus trace d'alcali. On sèche sur des toiles, à l'air ou dans un séchoir.

Le concassage des morceaux est une opération indispensable. Pour faire une bonne fonte, il est nécessaire d'avoir des morceaux d'égales grosseurs ; il ne faut pas oublier non plus que la fonte des poussières, même des gommes pâles, donne toujours un vernis plus ou moins foncé. C'est pourquoi il faut éviter, autant que possible, pendant l'opération du concassage, la production de poussière. Généralement, dans les petites installations, le concassage est fait par des femmes, à l'aide d'un marteau spécial : de cette façon on peut opérer en même temps la classification par nuances.

Quand on a un lot assez homogène comme nuance, ou peut avantageusement opérer le concassage à la machine : on gagne beaucoup de temps et on produit très peu de poussière. La machine se compose de 2 cylindres sur lesquels sont placés toute une série de pignons à dents; à l'aide d'un volant, on met en mouvement ces 2 cylindres tournant en sens contraire ; la gomme, distribuée par une trémie placée au-dessus, se trouve concassée en morceaux dont on détermine la grosseur en réglant l'écartemeut des cylindres. Cette machine fonctionne très bien, sans fatigue pour celui qui la met en mouvement, produit un concassage bien régulier, très rapide et pour ainsi dire sans menus morceaux.

Fusion des gommes.

C'est l'opération nécessaire pour rendre solubles quantité de gommes qui, à l'état naturel, ne se dis-solvent ni dans les huiles cuites, ni dans l'essence de térébenthine La cuisson est une des grosses difficultés opératoires de la fabrication des vernis gras ; elle doit être poussée plus ou moins loin, selon la nature des gommes employées : une cuisson trop faible ou une cuisson trop poussée conduisent, l'une et l'autre, à des résultats défectueux. C'est l'opération capitale, celle qui nécessite une grande pratique et une habileté difficile à acquérir ; c'est en même temps qu'une opération utile, une opération déplorable : elle fait perdre à la gomme une partie de ses propriétés et donne au produit final une coloration qui le déprécie ; mais elle est indispensable, et toutes les tentatives faites depuis cinquante ans pour la supprimer sont restées sans sanction pratique.

Il est néanmoins fort intéressant de rappeler ce qui a été fait dans cette voie. C'est notre illustre et regretté maître Schützenberger qui, le premier, essaya d'affanchir l'industrie des vernis gras de l'opération de la cuisson (1). Sa découverte était la suivante : les gommes insolubles dans les conditions ordinaires, sont solubles dans l'essence de térébenthine au-dessus de son point d'ébullition (2). L'opération se faisait en vase clos, à 300 degrés, et durait 2 heures. Les gommes et l'essence étaient mises en présence poids pour poids. La solution terminée pouvait être allongée d'huile ; ou le vernis fabriqué de suite en dissolvant la gomme en vase clos dans un mélange d'huile et d'essence.

En 1866, Violette, sur les travaux duquel nous allons avoir à revenir, reprenant l'idée de Schützenberger, opérait dans des conditions à peu près analogues, à 400 degrés, avec une pression d'environ 20 atmosphères.

Ce sont les deux tentatives les plus sérieuses, faites pour modifier l'industrie des vernis gras. Mais, si les résultats obtenus étaient parfois bons, ils étaient souvent mauvais et l'impossibilité d'obtenir toujours de bons résultats a fait tomber dans l'oubli l'idée si originale de Schützenberger. L'étude de l'action de la chaleur sur les gommes est donc absolument indispensable. Le premier, Schwarz fit une étude intéressante sur un copal dont il n'indique pas l'origine.

L'action de l'éther, suffisamment prolongée, donne un produit gonflé, insoluble, représentant 66 pour 100 du produit initial et appelé *copal gonflé* ; ce produit, soumis à l'action de la chaleur devient soluble; Schwarz

---

(1) Brevet 16472. Année 1856. Schützenberger, à Mulhouse. Nouveau procédé de dissolution dans l'huile de lin et l'essence de térébenthine des résines pour fabriquer les vernis.

(2) Nous en avons déjà donné la raison. Dépolymérisation.

l'appela *copal soluble*. En chauffant le copal brut, il obtint également un produit soluble nommé par lui *pyrocopal*. Mais une solution chloroformique de ce pyrocopal était précipitée par l'alcool, en donnant une masse gélatineuse que Schwarz appela *pyrocopal gonflé* ; une partie seulement étant précipitée, la partie restant en solution reçut le nom de *pyrocopal soluble*.

Il est à remarquer que, dans les produits ci-dessus, ceux ayant subi l'action de la chaleur sont les plus riches en carbone.

	Carbone pour 100	
	trouvé	calculé
Copal brut	78.72	78.62
— soluble	78.	78.26
— gonflé	79.95	80.44
Pyrocopal soluble.	81.02	80.89
— gonflé	83.01	83.23
Pyrocopal	83.63	83.82

La nécessité de faire intervenir l'action de la chaleur a été expliquée par M. Riban qui a fait observer que la solubilité d'un corps dans un dissolvant est d'autant plus grande que son degré de polymérisation est moindre : la cuisson des gommes a pour but de dépolymériser ces corps complexes. Pendant la cuisson; il y a d'abord dégagement d'eau, puis de différents gaz : acide carbonique, hydrogène, oxyde de carbone, puis enfin dégagement d'huiles volatiles qu'il est facile de condenser. Ces huiles condensées méritent de fixer l'attention et peuvent avoir une certaine application, bien que leur couleur soit assez foncée et leur odeur peu agréable.

Nous avons examiné une huile condensée pendant la cuisson d'une gomme Kauri de qualité ordinaire.

En opérant la distillation sur 750 cc., au bain de sable, avec une colonne Le Bel et Henninger, voici la marche de l'opération : la distillation commence à 93-94, il passe de l'eau et un liquide non miscible ; la température s'élève peu à peu jusqu'à 98° au fur et à mesure que la quantité d'eau distillée augmente. En continuant la distillation à feu nu il n'a pas été possible de dépasser cette température de 98°. Il reste dans le ballon une masse pâteuse et noirâtre dans laquelle la grenaille d'étain fond, ce qui indique une température bien supérieure à 200 degrés.

En séparant le liquide distillé en 2 parties, on constate que la partie aqueuse donne, après une nouvelle distillation, une eau opalescente à réaction acide, et un peu d'un liquide très odorant.

Si l'on opère une distillation fractionnée sur la partie non miscible provenant de la première distillation, on peut recueillir toute une série de liquides qui commencent à passer à 95°. Les points de distillation et les caractères se trouvent résumés ci-dessous :

95 — 100..... 3 cc. Liquide assez coloré, sent l'acétone.

100 — 140..... 5 cc. Liquide assez coloré, odeur forte.

115 — 155..... 35 cc. Liquide peu coloré, faible odeur acétonique.

155 — 165..... 30 cc.
165 — 170..... 30 cc. } Faible coloration, odeur du produit initial.
170 — 175..... 25 cc.

175 — 177..... 20 cc. Liquide coloré, odeur du
produit initial.

En faisant une étude complète de ces huiles de
condensation, nous sommes persuadé qu'on arriverait
à en tirer un parti autrement avantageux que celui
qu'on en tire en ce moment. Dans beaucoup d'usines,
en effet, aucune utilisation directe n'est faite de ces
produits de condensation : on les vend aux fabricants
de bâches à des prix dépassant rarement *10 fr. les
100 kgs.*

Nous avons donné les méthodes permettant de déterminer certaines constantes caractéristiques des gommes ; nous avons déterminé ces mêmes constantes
sur des gommes fondues, au moment où elles sont
cuites à point pour l'introduction de l'huile. Nous
donnons dans le tableau suivant les nombres obtenus.

	Chiffre de l'acide	Indice de Kottstorfer
Gomme Kauri	77.3 à 78.3	95.3 à 98.1
— — fondue........	72.3 à 75.2	72.9
Gomme Kauri Chips........	79.2 à 81.2	89.6
— — — fondue.	64.9 à 68.9	89.7 à 95.3
Gomme Siera Léone........	110.8 à 112.6	145.8 à 148.6
— — — fondue..	61.8 à 65.1	129.
Gomme Kauri de 1re qualité.	92 8 à 93.8	87.7 à 92.5
Gomme Kauri de 1re qualité fondue.................	86.7 à 87.7	86.7
Gomme Benguela..........	129.8 à 130.5	134.6
— — fondue....	103.3 à 110.5	101
Gomme Zanzibar..........	86.8	71.7 à 76.1
— — fondue....	61.6	67.7 à 72.9

Pour toutes les gommes fondues, le chiffre de
l'acide est toujours inférieur à celui de la gomme
crue.

L'indice de Kottstorfer est également plus faible, mais il y a une différence beaucoup moins sensible que pour le chiffre de l'acide. Si l'on se rappelle que le chiffre de l'acide indique les acides libres, il y a lieu de supposer, d'après les nombres ci-dessus, que la solubilité est obtenue après disparition d'une partie des acides libres. Nous avons d'ailleurs dit plus haut que la distillation des huiles de condensation nous avait donné une eau à réaction acide. Peut-être, en poursuivant méthodiquement le travail que nous n'avons fait qu'ébaucher, arriverait-on à des conclusions intéressantes.

Revenons maintenant à la détermination exacte des conditions de fusion pour obtenir une gomme fondue soluble. Ces conditions ont été très nettement déterminées par Violette (1). Après avoir rappelé les ouvrages les meilleurs sur l'industrie des vernis (2) il commence par donner les températures suivantes, déterminées par l'expérience, pour la fusion et la distillation des copals :

	Fusion	Distillation
Copal dur	340°	360°
Copal demir-dur	180°	230°

Un copal simplement fondu n'est pas soluble ; il est nécessaire de lui faire perdre une partie de son poids, par une cuisson prolongée, pour le rendre tout à fait soluble.

---

(1) *Annales du Génie civil.*
(2) Wattin, *Art du peintre, doreur et vernisseur*, 1772. — Tingry, *Traité théorique et pratique sur l'art de faire et d'appliquer les vernis.* — Tripier-Devaux, *Traité théorique et pratique sur l'art de faire les vernis.*

Pour déterminer exactement la perte nécessaire,
Violette employait une cornue en verre, plongée dans
un bain d'étain maintenu à 360°. Les vapeurs émi-
ses par le copal en fusion étaient condensées dans
un réfrigérant, et les huiles recueillies étaient pesées,
il en était de même pour la cornue. Violette a obtenu
de cette façon les résultats suivants :

Poids du copal avant la distillation	Poids du copal après la distillation	Perte du copal pour 100	Quantité d'huile recueillie	Solubilité du copal restant dans l'essence de térébenthine
100	97	3	3	Insoluble
100	91	9	8.5	—
100	89.5	10.5	10.2	—
100	84	16	15.7	—
100	80	20	19	un peu soluble
100	78	22	21.3	plus soluble
100	75	25	24.5	très soluble
100	72	28	27.1	—
100	70	30	29	—
100	68	32	31	—

Il est donc clair que, pour faire une dissolution
complète, il faut faire perdre au copal 25 pour 100
de son poids. Pourtant, Violette a également constaté
que le copal n'ayant perdu que 10 pour 100 de son
poids, insoluble dans l'essence ordinaire, se dissout
très bien dans l'essence que l'on a fait épaissir par
exposition à l'air et à la lumière, c'est-à-dire dans
l'essence oxygénée. Et Violette ajoute « la cause réelle
de cette singulière modification de l'essence m'est
inconnne, et s'il était possible de reproduire cet état

par une pratique prompte, facile et peu coûteuse, ce serait un grand progrès apporté dans la fabrication des vernis ».

S'emparant de cette idée, M. Livache ajoute dans son traité déjà cité : « il semble facile, au moyen d'appareils identiques à ceux employés pour l'oxydation des huiles siccatives, d'obtenir un tel produit simplement et à peu de frais, et la fabrication des vernis au copal fournirait des produits moins colorés et moins coûteux, par suite de la perte moins grande à la distillation ».

C'est une voie ouverte aux investigations, mais, jusqu'à ce jour, aucun résultat intéressant n'a encore été obtenu ou, tout ou moins, annoncé et décrit.

Les premiers praticiens faisaient cuire parfois les gommes jusqu'à deux fois pour les rendre solubles : c'est de là que vient l'expression *copal à deux feux.*

Maintenant l'opération de la cuisson se fait à feu nu dans des appareils dits *matras* en français et *running pots* en anglais.

Les formes extérieures données aux matras sont nombreuses et variées. En France, on opère généralement dans des matras de petites dimensions, dans lesquels on ne peut fondre que quelques kilogrammes de gomme. En Angleterre, au contraire, on emploie des matras de grandes dimensions, ce qui permet de fondre en une seule fois des quantités importantes de gommes.

La figure 7 donne les formes de matras les plus usitées. Quant aux métaux employés ce sont le cuivre et le fer. Dans quelques usines, le fond du matras et la hausse sont en cuivre ; dans d'autres, le fond est en cuivre et la hausse en tôle. Ce dernier mode de construction a un double avantage : il permet d'obtenir des vernis plus clairs et d'avoir des matras plus légers. Il permet d'obtenir des vernis plus clairs parce que, avec une hausse en cuivre, l'attaque du cuivre par les vapeurs qui se dégagent pendant la fusion donne des composés verts qui se dissolvent ensuite dans le vernis. Il est toujours nécessaire de donner à la hausse une très grande hauteur par rapport à celle du fond : en effet, pendant la cuisson, et surtout vers la fin, la gomme fondue monte beaucoup, et, dans certains cas, il y aurait débordement si la hausse n'était pas assez élevée.

Un matras entièrement en tôle n'est pas recom mandable, car on risque de le voir brûler très rapidement. Un matras cuivre et tôle permet donc d'obtenir des vernis peu colorés et une fusion rapide puisqu'elle a lieu dans le cuivre. La difficulté de fabrication réside dans le rivetage de la tôle de fer sur la tôle de cuivre, en raison de l'inégale dilatation des deux métaux.

Le fond du matras se trouve entièrement dans le foyer et le matras est maintenu par une cornière circulaire placée à la hauteur des rivets. On manœuvre très aisément ces matras de grandes dimensions à l'aide d'un chariot à 3 roues muni d'une flèche mobile autour d'un axe. Cette flèche porte 2 fourches qui viennent prendre 2 oreilles placées sur la hausse du matras.

Un couvercle mobile, en communication avec un tuyau allant à la cheminée, peut être abattu sur le

matras pendant la cuisson. De cette façon on entraîne
très rapidement les vapeurs qui se dégagent.

Quand on désire obtenir des vernis peu colorés, on
peut étamer ou nickeler la partie intérieure des matras. Schwarz avait employé des matras argentés,
mais il y a une dépense telle à faire qu'on ne peut y
songer que pour des produits absolument spéciaux,
pouvant se faire dans de petits matras.

L'étamage est l'opération la plus simple, la moins
coûteuse et celle qui donne les meilleurs résultats :
nous avons essayé plusieurs fois l'emploi des matras
recouverts de nickel, et, pour une dépense beaucoup
plus grande, nous avons constaté une durée beaucoup
moindre qu'avec l'étamage.

Nous avons eu occasion de signaler les différentes
tentatives faites pour obtenir la dissolution des gommes en vases clos : on a préconisé, dans ce genre de
traitement et comme système de chauffage, l'emploi
de la vapeur ou de l'air surchauffé. Mais nous savons
que ces différents procédés n'ont pas donné de résultats pratiques.

Voyons maintenant comment se conduit l'opération
de la cuisson : on verse dans le matras une quantité
de gomme proportionnelle à la contenance de celui-
ci et on porte sur le feu, dont on règle l'intensité selon
la nature des gommes à fondre En effet, telle nature
de gomme à besoin d'être saisie par un feu très vif ;
telle autre nature, au contraire, demande un feu
moins vif. On remue de temps à autre avec une spatule, pour éviter l'adhérence des morceaux le long des
parois et l'on amène la gomme fondue à un point tel,
qu'elle soit entièrement soluble dans l'huile : c'est

là une question d'œil et d'expérience. L'habileté de
l'opération consiste surtout dans la conduite de cette

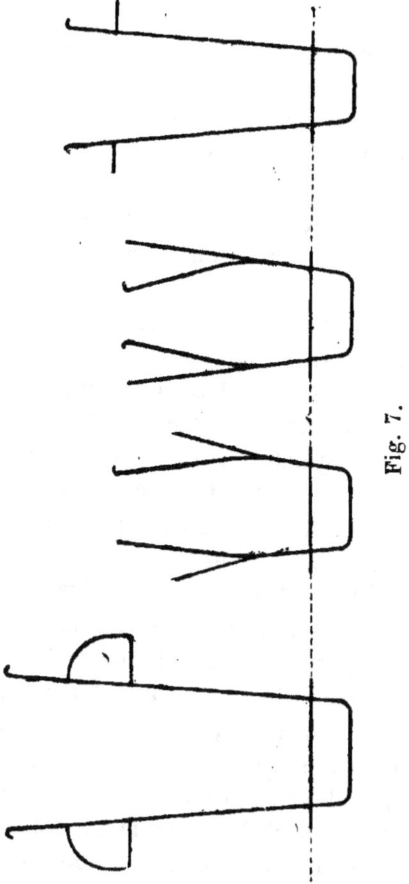

cuisson. Si la gomme n'a pas été suffisamment cuite,
l'adjonction d'huile donne une dissolution opaque et

incomplète : on dit que la gomme fait *galette*. Quand le feu n'est pas assez vif, la gomme ne fondant pas assez donne, au lieu d'un liquide limpide, un produit mou. Il faut alors forcer le feu pour obtenir la limpidité. Quand cet accident se produit, on dit que la gomme fait *perruque*.

Il arrive parfois aussi que la gomme mal cuite refuse de prendre l'huile qu'on ajoute pour la dissoudre : le cas est fréquent, surtout avec la gomme manille, quand on veut faire des vernis très chargés en huile. Dans ce cas on dit également que la gomme fait *galette*.

Pendant la fusion il se dégage d'abord de la vapeur d'eau, puis des produits condensables en liquides plus ou moins épais, sur lesquels nous avons dit déjà quelques mots au commencement de ce chapitre. Il convient de rappeler ici les principaux travaux faits sur ces produits. Scheller a examiné les produits de décomposition de différents copals (1).

Avec un copal d'Afrique, en traitant l'huile brute par la soude caustique, en déshydratant ensuite par le chlorure de calcium et en distillant, on voit que la distillation commence à 160°. De 160 à 165 le produit distillé contient une matière oxygénée qu'on peut enlever par un séjour sur la potasse en morceaux. L'huile surnageante a pour formule $C^{10}H^{16}$, incolore, odeur agréable, saveur repoussante. $D_{10} = 0.951$. Insoluble dans l'eau, soluble dans l'alcool, l'ether ; elle dissout facilement le soufre et le caoutchouc. Le liquide qui passe entre 215 et 260 est oxygéné et paraît être un mélange.

(1) *Journal de Pharmacie et de Chimie* 1860, page 399.

Rennie a repris l'étude de ces produits en opérant
sur la gomme Kauri (1). Il opère dans un vase en cuivre
chauffé au gaz et en présence d'un rapide courant
de vapeur d'eau. La distillation est continuée jusqu'à
apparition dans le condensateur d'un produit demi
solide. Avec 5 k.595 de Kauri il obtint 750 cc. d'huile
qui, séparée de l'eau, est fractionnée. La plus grande
partie passe entre 156 et 160 et une petite quantité
entre 160 et 189. Au delà, le résidu est visqueux. Le
produit bouillant entre 157 et 159, rectifié sur le
sodium, donne une huile incolore (157-158), à odeur
d'essence de térébenthine et de composition du térébène ($C^{10}H^{16}$) $D_8 = 0.863$.

Les portions de l'huile brute à points d'ébullition plus élevés paraissent être des polymères du
térébène.

Revenons maintenant à la fabrication du vernis.
La gomme étant cuite à point, il faut d'abord y ajouter
la quantité d'huile nécessaire pour la nature du vernis en fabrication ; nous allons voir quels sont les
différents procédés qui ont été préconisés.

Introduction de l'huile.

Quand la gomme est amenée, non seulement en fusion, mais à un point tel qu'elle est devenue complètement soluble, ce dont on s'assure aisément, mais avec
une grande habitude, en regardant la façon dont
coule la résine fondue de la spatule brusquement
retirée du matras, on ajoute l'huile.

(1) *Journal de Pharmacie et de Chimie* 1881, T.4. p. 48.

Il y a deux façons bien différentes d'incorporer l'huile dans la gomme fondue : En Angleterre, dans le plus grand nombre des cas, on incorpore de l'huile de lin *crue*, et on rend le vernis siccatif, au point voulu, quand il est complètement terminé. En France, en général, on ajoute à la gomme fondue de l'huile de lin *cuite siccative*, préparée par un des nombreux procédés que nous avons indiqués précédemment.

Quel que soit le procédé adopté, on doit loujours incorporer l'huile chaude : en effet, l'incorporation d'huile froide abaisserait, d'un *seul coup*, et assez considérablement, la température de la gomme fondue ; la dissolution dans l'huile se ferait alors mal, demanderait de plus un long temps de chauffe et la dissolution risquerait de n'être pas complètement claire.

Généralement, les auteurs s'accordent pour admettre une température de 150° comme étant la meilleure à laquelle on doive porter l'huile pour l'incorporer à la gomme fondue. Quand toute l'huile a été incorporée, on continue la cuisson jusqu'au moment où la dissolution de la gomme dans l'huile est parfaite. Les caractères sur lesquels on se base pour déterminer ce point exact sont toujours les mêmes que ceux indiqués par Tripier-Devaux. On laisse tomber sur un verre une goutte du mélange qui doit être clair et transparent ; on doit pouvoir l'étirer en fils longs et flexibles. Dans le cas où la goutte laisse sur le verre un bouton dur et cassant, c'est que la proportion d'huile incorporée est insuffisante. Il est alors très facile de remédier de suite à cet inconvénient.

A côté de ces 2 modes généraux d'incorporation de l'huile, on a décrit toute une série de variantes dans le détail desquelles nous n'entrerons pas, mais qu'il est nécessaire de signaler tout au moins :

a) L'huile chauffée est divisée en plusieurs parties dont un certain nombre gardées en réserve. On fond la gomme et ajoute une très faible partie d'huile ; quand la dissolution est complète, on la verse dans une autre partie d'huile chaude, et on garde ce mélange auquel on ajoute toutes les fontes successives obtenues de la même façon, en faisant autant de fontes qu'on a mis de parties d'huile en réserve.

b) Bartky fait la dissolution en vase fermé de façon à opérer à plus basse température. Pour cela il fond la gomme, laisse refroidir et opère la dissolution sur la gomme fondue et concassée. Ce procédé est certainement plus long et il reste à démontrer que l'avantage qu'on lui prétend (donner des vernis plus clairs) est réel.

c) Violette a proposé un procédé de dissolution à froid de la résine, sur lequel nous allons donner un peu plus de détails.

Voici en quels termes Violette s'exprime sur le procédé qu'il propose (1) : « Le nouveau procédé éloigne tous les inconvénients et substitue à la pratique aveugle de l'ouvrier des conditions précises assujetties à des mesures qui en assurent le succès ». Le principe consiste à fondre la gomme et à lui faire perdre par distillation la quantité de produits volatils nécessaire pour obtenir un produit entièrement solu-

(1) *Annales du Génie Civil.* — Août et septembre 1863, page 228.

ble qu'il ne reste plus qu'à dissoudre, soit à froid, soit au maximum à 100°, dans un mélange d'huile et d'essence, pour obtenir un vernis. L'appareil d'essai qui servait à Violette pour déterminer le moment

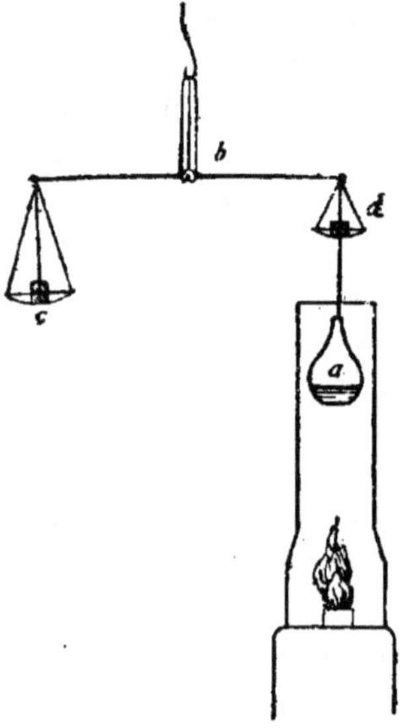

Fig. 8.

exact où la gomme a perdu ce qu'elle doit perdre, était assez original. A un des fléaux d'une balance] se trouvait suspendu un ballon *a* contenant le copal (fig. 8); l'équilibre étant obtenu, avec 1 gr. de gomme par exemple, il ajoutait 0 gr. 25 (si la gomme devait perdre 25 pour 100) dans le plateau *d* situé au-dessus du ballon. L'équilibre était rompu et on arrêtait l'action de la chaleur quand il était rétabli.

Violette a décrit un certain nombre d'appareils

industriels pour l'emploi de son procédé. Voici la
description d'un de ces appareils (fig. 9) : une sphère

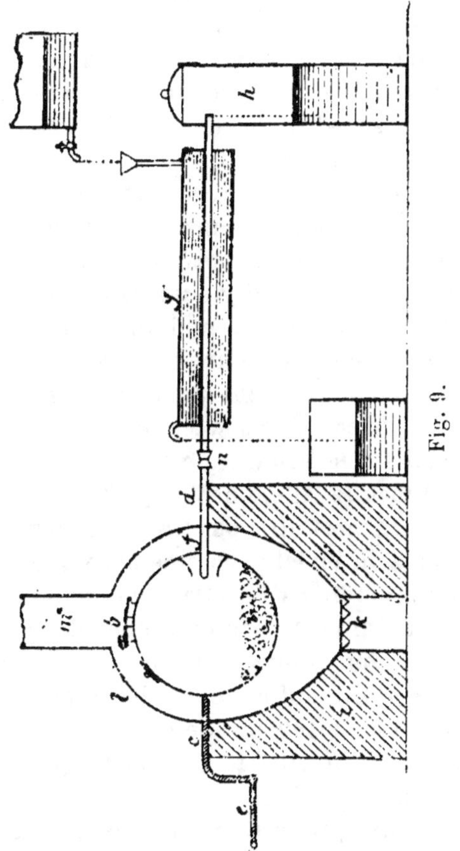

Fig. 9.

en cuivre, argentée intérieurement, reçoit la gomme
introduite par un orifice figuré en *b*. La sphère portée
par 2 tourillons *c* et *d*, est mise en mouvement par

la manivelle *e*. Un tube *f* la met en communication
avec le réfrigérant *g* et les produits de la distillation,
condensés en *g*, sont recueillis et mesurés dans une
éprouvette *h*. C'est d'après la quantité recueillie que
l'on juge de l'état d'avancement de la fonte. La mise
en mouvement de la sphère évite les coups de feu sur
un point, c'est-à-dire une des causes de la coloration
accidentelle d'un vernis (1).

Comme on le voit, ce procédé est basé sur des considérations parfaitement mises en lumière par les
expériences de Violette que nous avons précédemment citées. Pourtant, il y a un point délicat dans la
mise en pratique, c'est le maintien de la température au degré voulu et donné par Violette : 360° pour
les gommes dures et 230° pour les gommes demi-
dures. L'ouvrier guide son feu d'après l'écoulement
des produits condensés. Mais ce qui parait si simple
est une difficulté telle, que l'on peut dire que l'industrie n'a pour ainsi dire pas tiré parti des travaux si
intéressants de Violette, comme le constate implici-
tement M. Naudin : « En attendant qu'on ait trouvé
un solvant simple ou composé, capable de dissoudre
toutes les gommes dures *sans altérations quelconques
ni perte de poids*, but de toutes les recherches dans
cette voie depuis 100 ans, on ne peut que souhaiter
au procédé Violette tout le développement qu'il
mérite » (2).

Quant aux proportions de gomme et d'huile

---

(1) On trouvera la description d'autres appareils dans l'ouvrage de Violette : *Guide pratique de la fabrication des
vernis*.

(2) Naudin. *Fabrication de vernis*, page 120.

elles sont essentiellement variables ; nous aurons occasion d'en parler en étudiant les différents vernis.

On a dit qu'il était nécessaire, pour obtenir de beaux vernis, de faire les fontes sur de petites quantités de gomme. A ce sujet M. Livache écrit : « Nous rappellerons également que l'on a avantage à ne fondre que de petites quantités à la fois, soit un kgr. ou deux au maximum, afin d'obtenir des produits aussi peu colorés que possible, inconvénient inévitable quand on veut fondre 10 à 16 kgr. par opération, sans compter le temps nécessaire pour effectuer cette fusion » (1). C'est là une très grave erreur et c'est exactement le contraire qui est l'expression de la vérité. En effet, ce serait en fondant des quantités aussi minimes que l'on obtiendrait des vernis colorés, parce qu'il faudrait des matras très petits dans lesquels il serait difficile de proportionner très exactement les dimensions relatives de la hausse et du fond. De plus, sur une aussi petite quantité, il suffirait d'un temps très court d'excès de chauffe pour colorer la faible quantité de liquide que contiendrait le matras.

Enfin, le travail industriel serait beaucoup trop minime si l'on opérait sur des quantités aussi minuscules.

Les quantités de 10 à 15 kgs, signalés comme trop considérables, sont simplement des quantités moyennes et l'on fait journellement dans l'industrie des fontes de quantités beaucoup plus fortes. M.Livache

(1) Livache. *Vernis et huiles siccatives,* page 257.

parle du temps nécessaire : il est bien exact qu'il est plus long, mais il ne faut pas oublier que la quantité de vernis obtenue est plus importante et que, en fin de journée, le même ouvrier qui aurait produit 100 litres de vernis en faisant des fontes de 2 kgs, en aurait produit au moins 5 fois autant en faisant des fontes de 10 à 15 kgs.

En prenant la même gomme, les mêmes proportions d'huile et d'essence, et en faisant 2 vernis, l'un à une fonte de 2 kgs, l'autre à une fonte de 15 kgs, ce sera ce dernier qui sera le plus pâle.

On a également pris quelques brevets pour des appareils destinés à la fusion des gommes dans des conditions déterminées, appareils capables en même temps de servir aussi à l'incorporation de l'huile et de l'essence.

MM. Lefèvre (1) ont indiqué un appareil très complexe représenté fig. 5 et dont nous donnons ci-après la description.

Voici l'énoncé du brevet : « Appareils et procédés pour produire en plus ou moins grande quantité des gaz à une température déterminée, modifiée au gré de l'opérateur, et de chauffer, au moyen de ces gaz, des vases ou matras, dans lesquels se font soit l'opération de la fusion des gommes, soit toutes autres opérations de chauffage ou de cuisson, relatives à la fabrication des huiles, vernis, siccatifs ».

La figure 10 représente une section verticale d'un groupe d'appareils installés dans une salle circulaire. Un foyer central A est hermétiquement fermé. On

(1) Lefebvre, Brevet 109390 — 1875.

amène le combustible dans ce foyer en soulevant le couvercle C à l'aide d'un contre-poids qui manœuvre en même temps la trappe C′ par laquelle on introduit le combustible. Les gaz s'échappent par un certain nombre de tubes cylindriques *d*. Chacun de ces tubes communique avec une boîte de réglage E; à l'intérieur de celle ci une trappe à bascule F permet d'intercepter la communication avec le foyer A. Cette trappe est manœuvrée par un levier à pédale G. Chaque boîte E. communique, par la face opposée à celle où arrivent les gaz chauds, avec un tube cylindrique, muni d'un petit ajutage H dans lequel on envoie un jet de vapeur pour produire l'entraînement des gaz chauds. Cette vapeur arrive par un tuyau à robinet O et l'on règle son admission à l'aide du levier à pédale G′.

Le tube se recourbe en I et débouche élargi sous la coupole J dont la forme permet de repartir les gaz chauds sous la surface du vase K. La calotte métallique L qui supporte ce vase retient les gaz qui s'échappent ensuite par plusieurs tuyaux verticaux M dans un collecteur N d'où on peut les recueillir. On produit également dans ce collecteur une aspiration énergique à l'aide d'un jet de vapeur.

En K se trouve représenté un matras suspendu par 2 tourillons P et P′. C'est par le tourillon creux P que s'échappent les gaz qui se dégagent pendant la fusion des gommes : ces gaz vont dans un barillet S, puis, de là, par un clapet de réglage T, dans un compartiment inférieur U qui contient un liquide spécial ou des produits de condensations précédentes.

En traversant ce liquide une partie des gaz se condensent. Une même condensation se fait dans un

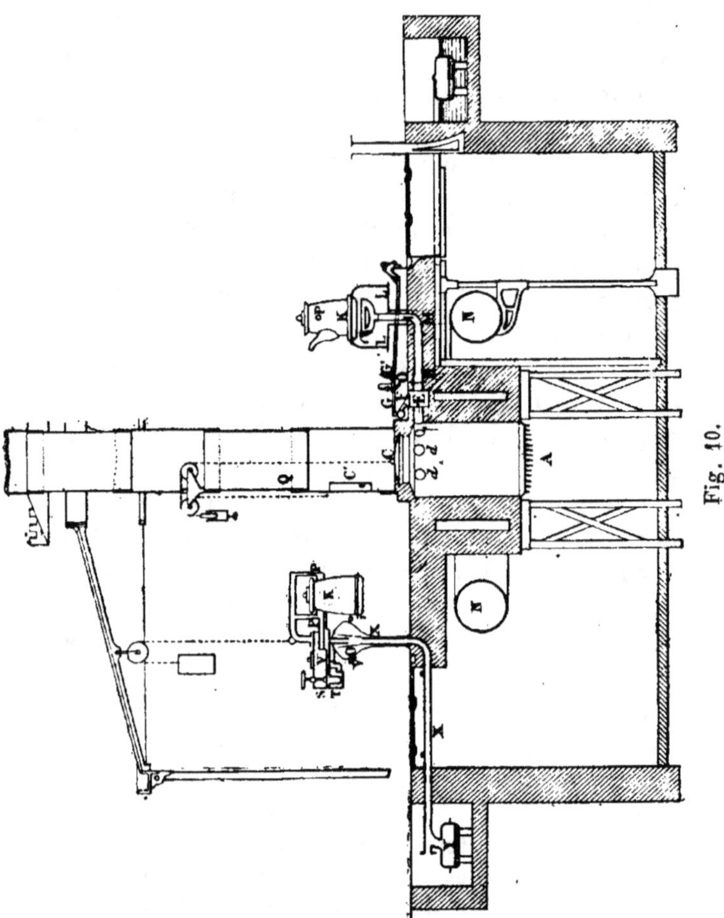

Fig. 10.

3me compartiment V. Les gaz non condensés se rendent par un tuyau X dans un collecteur Y, placé dans

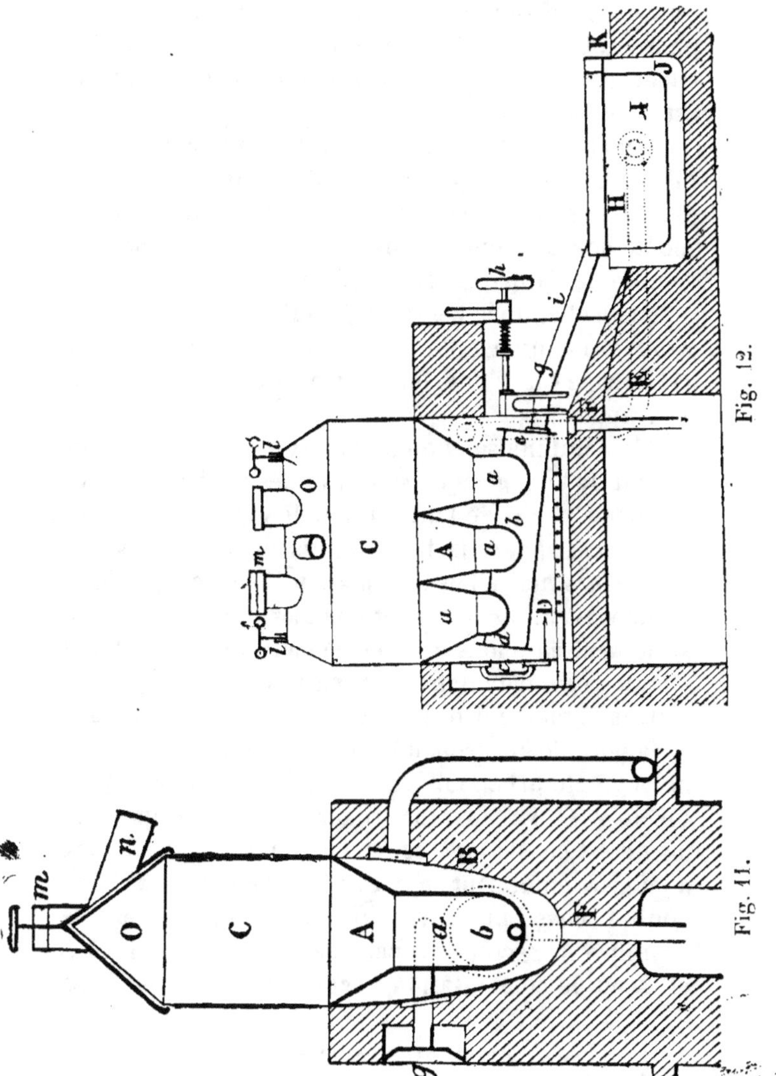
Fig. 12.
Fig. 11.

un bassin refroidi continuellement. Enfin, à l'aide de
pompes, on aspire les gaz non condensés et on les
envoie dans une série d'appareils condensateurs s'il
est nécessaire.

Le matras possède une ouverture pour suivre la
fusion. Les leviers permettent d'arrêter l'arrivée des
gaz chauds ou d'envoyer de l'air froid. Le tout est
monté sur la colonne creuse X sur laquelle tout l'ensemble de l'appareil peut pivoter.

Par la cheminée centrale Q, qui permet le tirage
pendant l'allumage du foyer, peuvent s'échapper les
gaz dans le cas d'une fermeture brusque de toutes
les trappes F.

Si la combinaison donne de l'oxyde de carbone, on
fournit de l'oxygène en soulevant le couvercle C et
on injecte par H de l'air au lieu de vapeur.

Avec ces appareils, il n'y a plus aucun dégagement
de vapeurs malsaines ; on peut utiliser les produits
condensés et l'on écarte les chances d'incendie. On a
également en mains un réglage facile qui permet une
grande régularité dans la fabrication.

Dans le même ordre d'idées, mais en employant
la vapeur d'eau surchauffée ou l'air chaud, un autre
brevet a été pris pour la « Fusion du copal et du
succin » (1). La chambre dans laquelle s'opère la
fusion est en A ; en *b* se trouve un cylindre incliné
dont les 2 fonds sont en *d* et *e* (fig. 11 et fig. 12). Une
double enveloppe B, entourant complètement la
chambre A, reçoit la vapeur par le tuyau perforé D
et l'eau de condensation s'écoule par le tuyau F. La

____

(1) Lehmann. Brevet 182722 — 1887,

vapeur se rend dans l'appareil à mélange (fig. 12) par le tube E. En *c* est figuré un obturateur qui ne sert que pour le nettoyage. L'écoulement de la gomme fondue se fait par le conduit *i*, en manœuvrant un volant *h* placé à l'extérieur, volant commandant un registre *g*. La gomme fondue est reçue dans le récipient H. Le chargement de la gomme se fait par les ouvertures *m* et les produits volatils de la fusion sont évacués par le conduit *n* (fig. 11).

Dans l'appareil de mélange figuré en II, la vapeur circule dans l'enveloppe J et la dissolution se fait dans le récipient H.

L'industrie des vernis étant, en France, rarement établie sur une grande échelle, il est difficile d'y monter des installations aussi complexes que celles dont nous venons de parler : aussi, il est impossible de se prononcer, faute de renseignements, sur la valeur des résultats pratiques obtenus avec de semblables installations.

Quel que soit le procédé employé pour l'incorporation de l'huile, et quels que soient les appareils utilisés, quand la dissolution obtenue est parfaite et présente tous les caractères exigés, il ne reste plus, pour terminer le vernis, qu'à ajouter la quantité d'essence nécessaire pour amener le produit final à la consistance voulue.

Introduction de l'essence.

Quand la dissolution de gomme cuite dans l'huile est amenée à l'homogénéité voulue, on retire le mé-

lange du feu et on ajoute la quantité d'essence de
térébenthine nécessaire pour amener au corps désiré
le vernis en fabrication.

Cette adjonction doit se faire à une tèmpérature
suffisante pour éviter le louche, mais pas trop élevée,
pour diminuer autant que possible la perte en
essence. On place généralement l'essence dans des
récipients à bec et on l'introduit dans le mélange très
lentement au début, en coupant le jet à l'aide d'une
tige métallique. On peut remplacer ces récipients
par un petit réservoir à robinet monté sur pied
élevé : on règle l'écoulement à l'aide du robinet. Il
faut aller très lentement au début, car il se forme une
mousse abondante qui pourrait produire un débor-
ment. Si cet accident a tendance à se produire, on
bat la mousse, à l'aide d'une spatule, pour la faire tomber. Quand la mousse est bien tombée on peut, sans
inconvénient, verser l'essence plus rapidement. Pendant cette adjonction la température du mélange
baisse : on dit que le vernis *sue*. Quand l'introduction
est complètement terminée on remue très énergiquement, à l'aide d'une spatule plate, pour obtenir un
liquide parfaitement homogène. On l'examine de
suite sur une plaque de verre ; il doit être parfaitement limpide, ou, selon l'expression consacrée, *nif*.
Si le vernis n'était pas nif il faudrait immédiatement
le rechauffer. Enfin, le vernis terminé peut être ou
trop épais (*corse*) ou trop fluide (*léger*). Quand un
vernis est trop épais, on ajoute la quantité d'essence
nécessaire pour le ramener au corps voulu ; quand il
est trop léger, pour éviter une perte en le concentrant

par la chaleur, il faut le couper avec un vernis trop corsé.

Il convient d'ailleurs de remarquer que l'habitude de la fabrication permet d'obtenir de suite des vernis au corps désiré : si, par hasard, un lot de gomme donne un vernis trop ou pas assez corsé, le fabricant s'en aperçoit dès les premières fontes et fait varier de suite les proportions d'essence et tout le reste de la fabrication se fait sans défaut.

Le vernis terminé est immédiatement versé sur un tamis à toile métallique qui arrête les corps qui ne sont pas en dissolution, corps constitués en grande partie par les impuretés contenues dans les gommes. Il reste néanmoins une grande quantité d'impuretés et le vernis a besoin d'en être privé d'une façon absolument complète pour être bon aux usages auxquels on le destine.

Nous avons essayé l'emploi de filtres-presses spéciaux qui nous ont donné de forts bons résultats. Après un seul passage au filtre-presse, nous avons obtenu des vernis presque complètement nifs. La filtration se fait bien à chaud, mais quand le vernis est froid, elle est longue et difficile.

Il y a déjà fort longtemps (1). on avait proposé, pour pouvoir filtrer les vernis, d'ajouter une grande quantité d'essence de térébenthine et de distiller ensuite pour enlever l'excès d'essence.

Malgré l'affirmation de l'auteur sur la qualité supérieure (?) de l'essence ainsi obtenue, nous n'avons pas besoin de signaler combien ce procédé est peu industriel.

(1) Hadfield. Brevet 86.041. Année 1869.

Avec un vernis simplement tiède, le passage au filtre-presse peut se faire très aisément et l'on a alors l'avantage d'avoir un vernis qui ne laissera, dans les réservoirs en tôle galvanisée où on le conserve, que fort peu de dépôt.

On recueille le vernis fabriqué dans des réservoirs de forme cylindrique, généralement, et on le laisse se clarifier complètement pendant un temps plus ou moins long, mais qui ne peut jamais être inférieur à plusieurs mois pour les vernis courants et une année pour les vernis fins. Nous aurons l'occasion de revenir sur ce point.

Quand on a fait la fabrication uniquement avec de l'huile de lin crue, il convient, avant d'emmagasiner le vernis, de le rendre siccatif en l'agitant avec un ou plusieurs des corps siccatifs dont nous avons eu déjà l'occasion de parler.

Pendant l'introduction de l'essence, au début principalement, il se dégage d'abondantes fumées blanches d'essence, se vaporisant dès son contact avec la solution très chaude de gommes dans l'huile. Il y a de ce fait une perte assez sérieuse d'essence : elle atteint avec de grandes précautions 5 à 6 pour 100, mais elle est souvent de 10 pour 100.

On peut imaginer différents dispositifs pour recueillir une partie de cette essence évaporée. Nous en signalerons un, préconisé par l'auteur pour la fabrication des vernis à l'essence (1) Il consiste à employer une cloche à double enveloppe et à rebord intérieur. Dans la double enveloppe se trouve de l'eau froide

(1) Fournier. Brevet 182.096. Année 1887.

et l'essence condensée est recueillie dans le rebord intérieur.

A l'essence on substitue parfois d'autres dissolvants volatils.

Nous avons indiqué, dans l'étude des dissolvants, toute une série de ces produits. Quand on remplace l'essence, en partie ou en totalité, par un ou plusieurs d'entre eux, il ne faut pas oublier qu'on doit modifier les proportions du dissolvant selon sa nature.

Procédés divers de fabrication

En dehors des procédés généraux de fabrication que nous avons décrits, on a proposé quelques autres modes de fabrication pour obtenir des vernis gras. C'est ainsi que le procédé suivant a été breveté (1) : Dissoudre en vase clos la gomme dans un mélange ainsi composé :

Sulfure de carbone..	1	partie
Térébenthine	1	»
Benzine	1	»
Alcool méthylique...	2	»

avec ou sans addition de camphre.

A cette dissolution, on ajoute de l'huile en quantité plus ou moins grande, selon le séchage désiré : on forme donc ainsi un vernis gras mixte.

Plus récemment M. A. Le Roy (2) a proposé comme

(1) Zingler, *Dissolution de copal et autres gommes dures au moyen d'une combinaison liquide.* Brevet 105.016. Année 1874.

(2) A. Le Roy. *Nouveau procédé de fabrication des vernis et peintures.* Brevet 290.385, 19 novembre 1899.

dissolvant le tétrachlorure de carbone, associé ou non à l'acétone, au sulfure de carbone, etc. Par la même méthode que ci-dessus on peut constituer un vernis gras.

Nous avons tenu à signaler ces procédés, non parce qu'ils sont entrés dans la pratique, mais pour être aussi complet que possible et présenter l'industrie des vernis gras dans son état actuel.

Il va sans dire que nous n'avons pas mentionné tous les brevets pris ou tous les travaux publiés ; mais nous n'avons écarté que les brevets ou mémoires ne présentant aucun intérêt.

Vernis concentrés.

Le transport des vernis se fait sur un tarif élevé et l'on peut estimer qu'en moyenne on transporte 50 pour 100 d'essence qu'il serait facile d'introduire sur place au moment de l'emploi. C'est donc une économie de 50 pour 100 sur les frais d'emballage. Aussi n'est-il pas surprenant de voir que l'on ait tenté la fabrication et la vente de vernis concentrés (1). La gomme fondue, additionnée d'huile, donne, après cuisson à point et refroidissement, une substance molle, ayant la consistance de la cire ou d'un sirop très épais. Au moment de l'emploi, il suffit de chauffer 1 kgr. du produit avec 1 k. 015 d'essence pour obtenir un vernis de fluidité voulue qu'on tamise et laisse déposer.

Bien que ce procédé paraisse simple, il n'a pas eu

(1) Guillet. Brevet n° 115-658. Année 1876.

ae succès en France et on peut dire qu'il n'est pas du tout employé. Il n'en est pas de même en Amérique où l'on fabrique et expédie couramment, paraît-il, des *tablettes* de vernis. C'est un mélange de gommes solubles, d'huile et de siccatifs, mélange comprimé sous forme de tablettes que l'on concasse et met en dissolution dans l'essence.

CHAPITRE V

CLASSIFICATION ET PROPRIÉTÉS GÉNÉRALES DES VERNIS GRAS

Il est assez difficile de donner une classification rigoureuse des vernis gras. D'une façon générale on peut faire 2 groupes :

1° *Vernis pour l'extérieur* ;

2°   —   *l'intérieur* ;

Les premiers s'employant surtout en carrosserie et dans les bâtiments et les seconds uniquement pour les travaux intérieurs du bâtiment.

Mais, comme il existe une différence très notable entre les vernis qu'emploie la carrosserie et ceux qu'utilise le peintre en bâtiment, nous croyons préférable de faire la classification suivante :

1° *Vernis pour la carrosserie* ;

2° *Vernis pour le bâtiment* ;

3° *Vernis industriels* :

et dans cette 3e classe deux subdivisions :

a) *Vernis à froid* :

b) *Vernis au four* :

Avant d'examiner la nature et les propriétés de ces différents vernis, il nous paraît indispensable de voir quelles sont les propriétés générales des vernis et quels sont les défauts généraux qu'ils peuvent présenter.

Les conditions que doivent remplir les différents vernis sont si complexes, les défauts que l'on peut rencontrer dans un produit fabriqué sont si nombreux, qu'il est toujours fort difficile d'arriver à un résultat parfait.

Comme nous l'avons déjà dit, l'attention du fabricant doit se porter sur le choix des gommes ; mais elle doit se porter aussi sur le choix des huiles : les huiles de lin de Bombay, par exemple, fournissent des vernis inférieurs à ceux que l'on obtient en travaillant avec l'huile de lin de pays. Ces huiles ne doivent entrer en fabrication qu'après un vieillissement de plusieurs mois au moins ; il est également indispensable de laisser vieillir les vernis le plus longtemps possible avant de les mettre en vente. C'est un fait parfaitement connu et admis, que l'âge d'un vernis est un facteur important. Pour notre part, nous avons fait toute une série d'expériences qui nous ont montré la différence notable qu'apporte l'âge : tel vernis, qui, après 3 mois de fabrication, ne donnait que des résultats ordinaires, était, après 6 mois, un vernis de bonne qualité ; et, après une année de conservation, un produit de qualité parfaite. Il ne faut pas oublier non plus que l'âge joue un rôle au point de vue de la coloration, principalement quand la siccativité a été obtenue en employant des produits au manganèse : les vernis, roux après fabrication, perdent peu à peu leur coloration et, un vernis rougeâtre au début est d'un jaune orangé après une année de conservation ; l'intensité de la nuance a également beaucoup diminué. Nous avons également pu constater qu'un vernis conservé dans un tube en verre et soumis continuellement à l'action du soleil se décolorait dans une proportion énorme, en le comparant au bout de quelques mois avec le même vernis conservé dans un même tube et dans une pièce peu éclairée.

Il paraitrait possible, à première vue, de remédier facilement à cette nécessité de laisser vieillir aussi longtemps les vernis pour les avoir à un état tel qu'ils soient susceptibles d'être employés en donnant toutes les propriétés que l'on est en droit d'attendre d'eux.

En effet, que se passe-t-il quand ou laisse un vernis vieillir en réservoir? Toutes les impuretés, que la filtration grossière faite immédiatement après fabrication a laissé échapper, tendent à gagner le fond du réservoir, où elles s'accumulent en formant un dépôt plus ou moins considérable que l'on retrouve, sous forme de bouillie épaisse, quand on vide le réservoir.

Pendant le temps très long demandé par cette clarification, il se produit une véritable oxydation lente du vernis : c'est ce qui explique pourquoi les vernis, rendus siccatifs à l'aide des oxydes de manganèse, changent constamment de coloration avec l'âge.

Par suite, une filtration et une oxydation devraient permettre d'obtenir de suite ce que le temps fait si lentement; mais tous les essais faits dans cette voie : emploi de filtres, usage de l'oxygène, de l'ozone, etc. n'ont pas permis d'arriver à un résultat pratique parfait. Aussi est-il toujours nécessaire d'avoir des réserves considérables de vernis gras pour permettre au temps d'accomplir son œuvre.

On a souvent dit que les vernis anglais devaient leur réputation, en grande partie, à leur âge. Là n'est pas la seule raison évidemment, car le mode de travail joue un rôle prépondérant ; mais il est certain que les grandes fabriques françaises n'hésitent pas à laisser vieillir leurs huiles et leurs vernis pendant un an ou deux, avant d'entrer les unes en fabrication ou de mettre en vente les autres. C'est évidemment là un gros sacrifice d'argent, si on songe aux stocks considérables qu'il faut entretenir, pour avoir toujours en magasin des vernis correspondant à tous les usages.

Les vernis doivent être conservés dans des magasins où l'on entrètient l'hiver une douce température. Ces magasins portent le nom de *réserves*. Les réservoirs portent une série de robinets et l'on commence la vidange du réservoir par le robinet supérieur.

Examinons maintenant les qualités que l'on demande aux vernis et les défauts qu'ils peuvent présenter.

Séchage et consistance. — Ce sont deux facteurs très variables : certains vernis gras sèchent en 4 heures, et même quelquefois moins, d'autres, au contraire, demandent 24 heures et même plus. Quant à la consistance, obtenue comme nous l'avons vu avec la quantité nécessaire de dissolvant, elle varie avec l'usage auquel est destiné le vernis. Nous aurons occasion d'examiner ces deux points pour chaque cas particulier.

D'une façon générale, la température influe énormément sur la dessiccation. C'est ainsi que les vernis pour le bâtiment séchant normalement en été, sont toujours très longs à sécher quand on les emploie l'hiver dans des endroits humides. Dans ces conditions, le vernis peut être très bon, mais il mettra pour sécher un temps 2 ou 3 fois plus long que celui qu'il exige normalement. En été, par des chaleurs excessives, les vernis sèchent rapidement, mais sont très longs à *durcir*. En résumé, au point de vue de l'application, il convient de vernir sur des surfaces bien sèches et d'éviter de vernir à l'extérieur par un temps humide.

Il arrive parfois que, dans les conditions les meilleures, certains vernis sèchent trop lentement : c'est un défaut de fabrication.

Pendant le séchage, le dissolvant volatil s'évapore, l'oxygène de l'air agit sur l'huile de lin ; de sorte que, la dessiccation étant complète, il reste une couche brillante composée de linoxine et de gomme.

Il faut que la consistance du vernis soit obtenue avec des proportions normales de dissolvant volatil : un excès de ce dernier donne un vernis qui ne laisse qu'une couche mince, insuffisamment protectrice. Dans ce cas, on dit que le vernis *ne garnit pas*. De plus, le vernis laissant une couche très mince, on obtient un faible brillant, le vernis *s'enfonce, se lasse*. Ce même défaut peut se produire avec de très bons vernis, quand on les applique sur une couche antérieure incomplètement séchée.

Si la quantité de dissolvant volatil est trop faible, le bel arrondi que l'on obtient au début de l'application ne dure pas : la couche étant nécessairement épaisse, la surface sèche normalement, mais empêche les parties profondes de sécher. Il se produit alors des affaissements en différents points : on dit que le vernis *ride*. Pourtant on peut également constater ce défaut avec des vernis bien fabriqués : par exemple quand l'ouvrier emploie une trop grande quantité de vernis (quand il *empâte* trop) ou quand, pendant le séchage, l'objet verni subit de brusques et grandes variations de température.

Quand la siccité est obtenue en employant une quantité exagérée de siccatif, on constate, après dessiccation, toute une série de stries du plus désagréable effet.

Coloration. — Deux facteurs interviennent pour modifier la coloration des vernis : les gommes et l'huile. Quand on emploie de l'huile crue, au lieu d'huile cuite, on obtient toujours un vernis moins coloré.

Pour fabriquer des vernis tout à fait pâles, il faut employer des gommes triées avec soin, choisir les morceaux les moins colorés et écarter les plus petites impuretés qui, en se carbonisant pendant la cuisson, pourraient donner une légère coloration. Pendant la fonte et pendant l'introduction de l'huile, il faut veiller soigneusement à la conduite du feu. En observant toutes ces conditions, on peut fabriquer des vernis d'huile de lin à peine colorés en jaune paille et pouvant parfaitement s'appliquer sur des surfaces claires.

Il va sans dire que ce résultat ne peut être obtenu qu'avec des matières premières irréprochables.

Pourtant, il ne faut pas perdre de vue qu'on peut

obtenir des vernis très peu colorés avec des gommes à bas prix relatifs. Pour les vernis très solides, une coloration très faible n'aura de valeur qu'autant qu'elle aura été obtenue en travaillant des gommes très dures.

Nous avons signalé plus haut l'action décolorante très marquée du soleil. Rappelons encore que l'on a également proposé, pour la décoloration des vernis, soit la filtration à chaud sur du noir animal, soit l'emploi de l'oxygène, soit celui de l'ozone. La filtration à chaud sur le noir animal n'a pas donné de résultats pratiques : l'opération est trop longue et trop coûteuse. L'emploi de l'ozone, notamment depuis qu'on le prépare d'une façon industrielle, semble donner des résultats fort intéressants car l'action est double : décoloration et siccativité.

Brillant. — C'est la première et l'indispensable qualité de tous les vernis. Les différents vernis sont plus ou moins brillants et ils doivent cette différence à la nature et à la proportion des gommes entrant dans leur composition : les gommes les plus dures donnent les vernis les plus brillants.

Pour un même vernis, le brillant sera de plus en plus beau au fur et à mesure que le vernis prendra de l'âge d'une part et qu'il sera moins siccatif d'autre part. C'est pourquoi les plus belles qualités de vernis pour voitures sèchent lentement. Si l'on veut avoir un vernis *garnissant* bien, ayant un bel *arrondi*, selon les expressions employées par les peintres, il faut se résoudre à l'avoir très peu siccatif. C'est un point sur lequel nous insistons, car les peintres exigent souvent une siccativité très rapide avec toutes les qualités dont nous parlons plus haut. Pour les vernis destinés aux dernières couches, il faut donc bien se rappeler qu'on leur fera perdre une partie de leurs propriétés les plus essentielles en les faisant trop siccatifs.

Les vernis peuvent perdre leur brillant avant la durée normale qu'on est en droit d'exiger d'eux. Deux cas principaux sont alors à considérer :

1° les vernis *blanchissent* ; ils deviennent mats peu à peu, prennent un aspect blanchâtre et se détachent de la surface qu'ils recouvrent. Les vernis qui blanchissent ainsi sous la simple action de l'eau, ou même de l'humidité, sont des vernis de mauvaise qualité, dans lesquels il entre généralement de la colophane ou un mélange de colophane et de gommes très tendres. Le défaut s'accentue alors d'autant plus que le vernis contient un plus grand excès de siccatifs.

2° les vernis *voilent* ; le voile est un défaut que l'on rencontre malheureusement assez souvent et qui se produit parfois avec de très bons vernis. On risque, en fabrication, d'obtenir des vernis ayant tendance à se voiler, quand la cuisson n'est pas poussée exactement à ce qu'elle doit être. Des causes extérieures très multiples font voiler les vernis : gaz nuisibles contenus dans l'air, condensation d'humidité sur la surface vernie pendant le séchage. Dans le cas de voile la surface vernie est recouverte d'une buée, d'un véritable brouillard, désagréable à l'œil, et enlevant une grande partie du brillant. Il y a des cas où il est véritablement difficile d'expliquer comment le voile a pu se produire.

Nous citerons à l'appui l'expérience suivante que

nous avons eu l'occasion de faire. Ayant appliqué sur un grand panneau une peinture au vernis d'une maison X..., nous avons, après séchage et polissage de la peinture, appliqué une couche de quatre vernis à finir, vernis provenant de quatre fabricants différents, deux anglais, un français et le vernis à finir X. Après séchage, les trois premiers vernis à finir étaient voilés à des degrés différents ; le quatrième seul ne l'était pas. L'expérience répétée plusieurs fois, dans une pièce chauffée, ou à l'extérieur, a toujours donné les mêmes résultats. Ajoutons que tous ces vernis, appliqués sur une simple couche de couleur recouverte d'un vernis flatting, *de même fabrication*, ont donné des résultats parfaits et n'ont présenté aucun voile. Cette expérience tendrait à prouver ce fait généralement admis, mais parfois discuté, qu'il est indispensable dans un travail d'employer, du commencement à la fin, des vernis de même fabrication ; pourtant, dans bien des cas, nous avons également constaté qu'un vernis à finir Z, appliqué sur un vernis flatting Y, donnait de très bons résultats. On constate souvent des défauts en appliquant un vernis à finir Z sur un Japon à caisses Y.

Elasticité et durée. — D'une façon générale, plus un vernis contient d'huile, plus il est élastique ; c'est encore ce qui explique pourquoi un vernis très élastique sera nécessairement peu siccatif. Quand on fabrique un vernis, même avec une bonne gomme, avec une quantité insuffisante d'huile, non seulement on obtient un vernis sans élasticité, mais son adhérence sur la partie vernie est faible et il se détache, après dessication, en morceaux de différentes dimensions : on dit que le vernis *saute*.

Dans certains cas, un trop grand excès d'huile conduit à un autre défaut, qu'il faut absolument éviter pour certains vernis. Quand on polit la surface brillante pour la rendre mate et donner une seconde couche, on constate, quand il y a excès d'huile, que la surface bien mate immédiatement après le polissage redevient assez rapidement brillante. On dit alors que le vernis *repousse au gras*, et quand on veut appliquer une seconde couche, l'opération n'est plus possible, la première couche *refuse*.

Donc, l'élasticité doit être obtenue avec une quantité d'huile ni trop forte ni trop faible, mais essentiellement variable avec la nature des gommes mises en travail. C'est un point sur lequel nous avons déjà discuté.

Quelquefois on augmente la flexibilité des vernis aux gommes dures, en remplaçant une partie de celles-ci par des gommes plus tendres, mais il ne faut jamais descendre aux gommes tendres, et il est préférable de se tenir dans la partie élevée de de l'échelle des gommes demi-dures.

La durée des vernis est extrêmement variable et dépend, pour un même vernis, des conditions auxquelles se trouvent soumises les parties vernies.

Les vernis aux gommes dures, bien chargés d'huile, sont les plus brillants et les plus durables ; mais ces vernis les plus durables ne durent guère que deux années : pendant les premiers mois qui suivent l'application, la surface reste parfaitement brillante, puis, peu à peu, l'intensité du brillant diminue et, après deux années, les meilleurs vernis ont déjà perdu une notable partie de leur brillant. Après ce laps de temps le brillant disparaît plus rapidement, mais il ne se perd jamais complètement.

Il est bien évident que les choses se passent comme nous venons de le dire quand l'objet verni est simplement soumis aux agents atmosphériques et ne subit qu'une fatigue normale. Mais s'il se trouve près d'émanations gazeuses, s'il est mal entretenu et s'il subit une grande fatigue (comme, par exemple, un wagon de chemin de fer) le brillant disparaîtra bien plus rapidement.

Les vernis aux gommes tendres, exposés à l'extérieur, perdent leur brillant très rapidement.

Remarquons pourtant que les vernis aux gommes dures appliqués sur des voitures parfaitement entretenues et sortant peu conservent leur brillant, si non en totalité, du moins en grande partie, pendant plusieurs années. Mais il est bien évident que l'on ne fabrique plus des vernis aussi solides que les célèbres vernis Martin, qui datent du milieu du dix-huitième siècle, et dont on peut voir encore des applications ; nous avons eu occasion de voir des meubles décorés de l'époque, sur lesquels avaient été appliqué du vernis Martin. La couche de vernis datant de deux cents ans était encore bien brillante ; M. L. Naudin dit avoir vu au British Museum à Londres, des objets vernis au vernis Martin « qui offraient à l'œil la netteté, le brillant d'une couche de beau vernis appliqué récemment. » Pour notre part, les meubles

Défauts constatés	Causes	
	de fabrication	d'application
Insuffisance de Siccité.......	Mauvaises proportions dans les différents éléments constitutifs. Manque de produits siccatifs. Mauvaise cuisson de l'huile, ou huile falsifiée.	Applications faites l'hiver dans les endroits humides.
Vernis s'enfonçant..........	Excès de dissolvant volatil.	Applications sur couches antérieures incomplètement sèches.
Vernis ridant...	Manque de dissolvant volatil	Exagération dans la quantité de vernis employé.
Vernis striant	Excès de siccatifs.	Manque de travail de la couche de vernis.
Vernis blanchissant........	Mauvaises gommes, addition de colophane et excès de siccatifs.	
Vernis voilant..	Mauvaise cuisson des gommes, manque d'élasticité.	Gaz nuisibles dans l'air ; exposition trop hâtive à l'humidité, etc.
Vernis sautant ou s'écaillant..	Insuffisance d'huile, mauvaise qualité des gommes.	
Vernis repoussant au gras...	Excès d'huile	
Congélation		Vernis appliqués trop froid.
Vernis crevassant..........	Mauvaise qualité des matières premières.	Application sur couche antérieure incomplètement sèche ou trop épaisse.
Vernis suintant...........		Application sur couche antérieure poncée trop tôt.

que nous avons vus n'étaient certes pas aussi brillants.

Il nous paraît utile de résumer en un tableau les défauts que peuvent présenter les vernis et les causes connues : soit défaut de fabrication, soit défaut d'application (1).

Nous pourrions apporter des développements plus longs à cette importante et assez embrouillée question des défauts, mais cela nous conduirait trop loin Nous renvoyons le lecteur à une brochure spéciale (2) éditée à New-York. Des observations fort curieuses ont été faites, entre autres une qui a trait à l'action de la lune sur les surfaces fraîchement vernies, relativement au voile (3).

(1) Tableau, page 195.
(2) Gardner. *Méthode américaine pour la peinture en voitures et les tours diaboliques du vernis.*
(3) Communiquée par M. Faurax, de Lyon.

CHAPITRE VI

ÉTUDE DES DIFFÉRENTS VERNIS GRAS

I. — Vernis pour la carrosserie

Les vernis employés en carrosserie sont les plus durables et les plus brillants. Pour les qualités tout à fait supérieures, on emploie uniquement des gommes choisies, zanzibar et madagascar principalement, parfaitement claires et prises parmi les sortes les plus dures. L'huile de lin de pays doit être préférée à toutes les huiles de lin d'autres graines.

Nous examinerons successivement les différents genres de vernis employés en carrosserie et nous donnerons un formulaire, sous forme de tableau, avec indication des sources où sont puisées les formules.

Dès le début nous indiquons ces sources, une fois pour toutes, avec les lettres correspondantes que nous mettrons en tête des tableaux

A. — Halphen...   *Couleurs et Vernis.*
B. — Livache ...   *Vernis et huiles siccatives.*
C. — L. Naudin.   *Fabrication des Vernis.*
D. — V. Thomas   *Revue générale de chimie pure et appliquée,* 15 juillet 1899.

Nous commenterons ces formules et ferons tout notre possible pour ne pas en donner nous-mêmes, car nous estimons qu'une formule est peu et que tout dépend de la façon dont on l'applique ; un exemple entre tous montrera la réalité de ce que nous avançons : on connaît à peu près exactement la formule employée par Martin pour la fabrication de ses fameux vernis, mais on ignore complètement la façon dont il l'utilisait, et, en résumé, on n'est jamais parvenu à refaire le vernis Martin.

D'ailleurs, en examinant les formules que nous donnons, et où nous ramenons, dans toutes la somme des constituants à 100 pour faciliter les comparaisons, on pourra voir dans quelles proportions extraordinaires elles varient.

Vernis à finir. — Bien que, sous ce nom, on désigne généralement les beaux vernis, appliqués en fin de travail sur les voitures de luxe, nous pensons que tout vernis appliqué en dernière couche est un vernis à finir. Envisagés ainsi, les vernis à finir sont les suivants :

Vernis superfin à Caisses, vernis surfin et fin à caisses.
Vernis surfin et fin à trains.
Vernis à trains n° 2.
Vernis à carrioles.

Les premiers sont uniquement fabriqués avec des gommes dures : le superfin à caisses est le plus pâle. La différence entre ces trois vernis est une différence de nuance, de solidité et de brillant. Les vernis superfins à caisses sont très durables, très brillants et très durs ; les vernis fins à caisses sont moins pâles et moins durables. Au point de vue de la siccité, les vernis superfins à caisses sont les plus longs à sécher : ils demandent généralement 24 heures pour *sécher* et plusieurs jours pour *durcir*. Les vernis fins à caisses sèchent plus vite ; on fait même certains types. dits : « *Vernis fins à caisses siccatifs express* » qui sèchent en 10 heures. Rappelons encore à ce propos. que cet excès de siccativité n'est obtenu qu'aux dépens de la résistance. Aussi, les peintres qui emploient ces vernis, pour des travaux très pressés, tendent-ils, et avec raison, à les abandonner de plus en plus. En effet, question de nuance à part, il est bien plus avantageux d'employer, dans les cas urgents, du vernis à trains n° 2.

Le vernis à trains n° 2 est bien plus foncé que les vernis à caisses ; il est fabriqué avec des gommes moins dures et est par conséquent bien moins durable. Ce vernis doit donner également un beau brillant et sécher en 12 heures environ ; il durcit ensuite assez rapidement. Quant aux vernis fins à trains, ce sont des vernis ayant des propriétés intermédiaires entre celles des deux types de vernis dont nous venons de parler.

Comme leurs noms l'indiquent, les vernis à caisses sont destinés au vernissage des caisses de voitures et les vernis à trains au vernissage des trains et des roues. Mais, dans les travaux courants, il peut arriver très bien que des caisses soient vernies avec un quelconque des vernis à trains.

Voici maintenant les formules données pour ces vernis :

	A	B	C	D
Copal dur	33.33	20	33.35 à 38.90	20
Huile cuite	16.67	43.75	16.66 à 11.10	60
Essence de térébenthine	50	31.25	50 à 50	20
	100	100	100 100	100

De l'examen de ces formules, on constate que A et C sont de même source et l'on voit de suite que la formule de la colonne D s'écarte considérablement des autres : elle est manifestement en dehors de la vérité, et c'est certainement en l'employant qu'on obtiendrait des vernis ayant les défauts signalés aux vernis trop chargés en huile. La formule B est celle qui répond le mieux à une formule générale acceptable, bien que la quantité d'essence indiquée soit faible. Selon la façon de travailler, on peut admettre, comme proportions générales des constituants de ces vernis, les chiffres suivants :

Gommes dures...	1 partie.
Huile cuite......	1 à 2 parties.
Essence	2 parties.

Il va sans dire que pour les qualités ordinaires, notamment pour le vernis à carrioles, qui n'est qu'un vernis à trains n° 2 foncé, on ne se sert plus de gommes dures, mais de gommes demi-dures et foncées qui peuvent être obtenues à de bas prix. Aussi les formules doivent-elles varier ; car il ne faut pas oublier que plus une gomme est dure plus il est possible de la charger en huile. On doit également diminuer un peu la proportion d'huile, quand on désire obtenir un vernis très siccatif.

Vernis flatting. — Les vernis flatting s'appliquent sur les couches de teintes garnissant les panneaux des voitures. Ils sont plus fluides que les vernis à finir et doivent sécher plus rapidement ; de plus, une fois secs, ils doivent se laisser polir facilement pour supporter ensuite la couche de vernis à finir. Quand un vernis flatting ne reste pas mat après polissage, quand il redevient brillant, on dit qu'il *repousse au gras* : c'est un défaut capital pour ce genre de vernis. Certains fabricants font des vernis flatting pouvant se polir 6 heures après application ; mais, d'une façon générale, on ne demande guère que des vernis se polissant 10 à 12 heures après application. On fait ces vernis avec des gommes dures, et en assortissant les lots pour faire différentes qualités selon nuances. Plus on attend entre l'application et le polissage, plus le polissage obtenu est beau ; mais un vernis qui repousse au gras présentera *toujours* ce défaut, quel que soit le temps écoulé entre l'application et le polissage.

La caractéristique de ces vernis est une proportion faible d'huile, pour une grande proportion d'essence ; nous n'avons trouvé qu'une formule :

	D
Gomme dure......	30
Huile de lin cuite..	30
Essence..........	40

La proportion d'essence est trop faible ; dans le cas d'une gomme demi-dure, il faudrait diminuer la proportion d'huile et prendre, par exemple, 4 parties de gomme pour 3 parties d'huile.

On ne demande pas aux vernis flatting d'avoir

beaucoup de brillant, et cela se comprend, puisqu'ils sont destinés à être polis ; mais les fabricants doivent s'attacher à préparer ces vernis aussi brillants que possible car, dans certaines villes, à Marseille entre autres, on emploie de grandes quantités de flatting pour vernir les devantures de boutiques.

Vernis à teintes. — Ces vernis sont destinés à être mélangés aux teintes qui servent à mettre en nuances les panneaux des voitures. Ils doivent être assez siccatifs et élastiques : siccatifs pour ne pas faire durer l'application des couches de teintes pendant trop longtemps, élastiques pour résister aux variations de température. On peut employer des gommes plus ou moins dures et plus ou moins pâles, selon la qualité du vernis à obtenir.

Voici quelques formules :

	A	D
Gomme demi-dure.	33.33	33.33
Huile cuite........	16.66	33.33
Essence..........	50	38.33

Vernis colle d'or. — On fabrique généralement deux types, différant entre eux par le corps surtout, et dits : *Vernis colle d'or* et *colle d'or*. On emploie ces vernis, soit pour détremper les teintes que l'on désire faire sécher rapidement, soit pour préparer les teintes servant à tirer les filets. Une teinte à filets, préparée avec une bonne colle d'or, doit pouvoir être assez sèche, 2 ou 3 heures après application pour qu'on puisse vernir par dessus sans qu'elle se *détrempe*. Dans l'article de M. Thomas, d'où nous extrayons quelques formules, il est dit à propos **de la**

colle d'or : « C'est le siccatif employé pour les travaux pressés parce qu'il est plus siccatif que le précédent ». C'est une erreur, car la colle d'or est bien moins siccative que le produit spécial dit *siccatif*. On emploie d'ailleurs ce dernier produit toujours en faible proportion et en addition dans une teinte déjà préparée et insuffisamment siccative.

Voici la formule que nous avons trouvée :

	D
Gomme demi-dure...	15 à 25 0/0
Huile de lin.........	40 à 50 0/0
Essence.............	45 à 25 0/0

Nous signalons simplement cette formule qui ne présente aucun intérêt et qui, même bonne, donnerait un produit à prix de revient beaucoup trop élevé. Ce qui est certain, c'est que la proportion d'essence indiquée est infiniment trop faible, surtout si l'on songe que l'auteur indique comme cuisson de l'huile : 7,5 à 10 0/0 de sels de plomb ou de manganèse, *au dessus* de 300°, pendant *36 à 48 heures*.

Nous tenons à signaler, en passant, ce que ce travail d'huile à de fantaisiste. Si l'on chauffe au-dessus de 300° d'huile de lin, on ne peut maintenir cette température pendant 36 à 48 heures. En effet, l'huile de lin exposée à une température dépassant 300° devient, au bout de quelques heures, aussi épaisse que la glu (1). C'est d'ailleurs en traitant cette matière par l'acide nitrique étendu, que Jonas a obtenu le

(1) Nous ne parlons même pas des dangers et des résultats d'une pareille cuisson !

premier un produit plastique, durcissant à l'air, ressemblant au caoutchouc, et appelé par lui *caoutchouc des huiles*.

Pour obtenir une bonne colle d'or il faut une cuisson spéciale de l'huile, une quantité relativement faible de gomme, pour une forte proportion d'huile et une quantité plus grande encore d'essence.

Siccatif pour équipages. — Nous ne dirons que peu de choses de ce produit dont l'usage en carrosserie est de moins en moins grand, depuis que l'on fabrique des siccatifs pour bâtiments ayant des propriétés telles, qu'ils peuvent être employés sans dangers dans les teintes de carrosserie. Le siccatif pour équipages n'est d'ailleurs que du siccatif liquide contenant de la gomme (1). On l'emploie surtout pour faire *sécher* et *durcir* les couches *d'apprêts*, et pour amener à la siccativité voulue toutes les teintes de carrosserie. Etendu sur une plaque de verre en couche mince, un bon siccatif doit sécher en quelques minutes (il est donc bien plus siccatif que la colle d'or) et il ne doit pas faire *gercer* les teintes dans lesquelles il est ajouté.

Voici une formule de ce produit :

	D
Gomme demi-dure.	10 à 5 0/0
Huile de lin.......	30 à 35 0/0
Essence	60 0/0

Elle peut assez répondre à une formule pratique, à condition de ne pas employer le procédé de travail de l'huile qu'indique l'auteur de la formule (5 à

____

(1) Généralement de la gomme-laque.

7,5 0/0 de sels de plomb *au-dessus de 300°*, pendant
36 à 48 heures). Nous venons de dire longuement
pourquoi. Le siccatif pour équipages est un peu épais
d'une couleur brun noir.

Vernis Japon à caisses. — Ce vernis est
difficile à fabriquer et peu de fabricants arrivent à
le réussir d'une façon parfaite. Il est destiné à être
poli et recouvert, soit de vernis flatting poli lui-même
avant de recevoir le vernis à finir, soit directement
après polissage de vernis à finir.

On prépare les vernis Japon à caisses avec des
gommes dures et des bitumes de première qualité.

Le bitume le plus employé est le bitume de Judée.

On doit cuire les bitumes suffisamment pour obtenir un vernis bien siccatif, car les produits volatils
qu'ils contiennent rendraient le vernis poisseux.

Ci-dessous nous donnons quelques formules :

	A	B		C	D
Gomme dure..............	25	11.10 à	17.65	22	20
Bitume de Judée........	8.40	11.10 à	5 90	9.30	20
Huile cuite..............	16.80	11.10 à	17.65	18.70	20
Essence de térébenthine	49.80	66.70 a	58.80	50	40
	100	100	100	100	100

Comme toujours, on peut voir dans quelles proportions énormes varient toutes ces formules. La seconde
de ces formules répond assez exactement à de bonnes
proportions ; mais il y a trop d'essence et pas assez
d'huile.

L'auteur de la formule D indique toujours le même
travail de cuisson de l'huile, n'y revenons pas. Il
ajoute qu'un bon Japon doit sécher en 24 heures.
Aucun de tous les types connus de vernis Japon ne
sèche aussi lentement : le plus grand nombre peut

être poli 12 heures après application, et c'est une bonne moyenne. Un vernis Japon séchant en 24 heures serait considéré, dans le plus grand nombre des cas, comme trop peu siccatif.

Ce qui est difficile à obtenir, c'est un vernis Japon à la fois d'un noir pur et profond et ne *verdissant* pas sous la couche de vernis à finir. Beaucoup de vernis Japon ne verdissant pas sont d'un noir peu pur, tirant sur le marron : on peut s'en convaincre en essayant les différentes marques de Japon ; toutes donnent des nuances de noir différentes.

Vernis noirs à trains et ferrures. — Ces vernis ne sont pas destinés à être polis : ils s'emploient sur les trains et sur toutes les parties métalliques, doivent sécher rapidement, couvrir en une seule couche et posséder un beau brillant.

Les vernis noirs à trains sont quelquefois fabriqués sans aucune adjonction de gommes. Quant aux vernis noirs pour ferrures, ils n'en contiennent jamais : dans les qualités ordinaires, on ajoute même une plus ou moins grande quantité de colophane et on diminue considérablement la quantité d'huile. Voici quelques formules de ces vernis :

	A	B		C
Gomme demi-dure	»	»	»	22.60
Bitume de Judée..	25	16.7 à	9.10	9.40
Huile cuite.......	20	50 à	54.60	22.60
Essence..........	55	33.3 à	36.3	45.40
	100	100	100	100

Ces formules ne répondent pas à ce que l'on

rencontre dans le commerce : dans toutes, la quantité
d'huile indiquée est beaucoup trop forte. De plus, on
remplace le bitume de Judée par d'autres noirs,
notamment le Barbados. On peut admettre comme
proportions moyennes : noir 40, huile cuite 15,
essence 45. D'ailleurs, nous ne saurions trop le
répéter, les proportions varient avec le mode opératoire et les conditions de séchage que l'on s'impose.

II. Vernis pour le bâtiment

On peut dire qu'il en existe 2 genres bien différents : les vernis pour *extérieur* et les vernis pour
intérieur.

Vernis pour extérieur. — Ils sont fabriqués
avec des gommes dures et doivent avoir une grande
souplesse et une grande solidité pour résister le plus
longtemps possible aux intempéries. Selon la qualité
et le choix fait dans les gommes, les proportions des
différents éléments, on obtient des vernis plus ou
moins pâles qui reçoivent les noms de : *vernis extérieur paille, vernis extérieur surfin, vernis extérieur
n° 1* etc. En général, les vernis pour extérieur sont un
peu moins chargés en huile que les vernis pour
carosserie.

	A(1)	B		C
Gomme dure	35.30	38.5 à 23.80		75
Huile cuite ..	17.60	11.5 à 19		16.60
Essence.....	47.10	50 à 57.20		8.40
	100	100	100	100

(1) D'après Tripier Devaux avec gomme demi-dure.

La formule C est tout à fait fantaisiste. D'une façon générale ces formules donnent un excès de gomme et une trop faible quantité d'huile.

Vernis pour intérieur. — Ces vernis sont à base de gommes demi-dures et tendres pour les belles qualités, et pour les qualités très ordinaires, à base de colophane.

	A		B		C
Gomme demi-dure	66.7 à 59.7		26.6 à 22.3		40
Huile cuite......	16.6 à 22.4		6.7 à 11.2		26
Essence........	16 7 à 19.9		66 7 à 66.5		34
	100	100	100	100	100

Les vernis pour intérieur étant fabriqués avec des gommes demi-dures et tendres, la quantité d'huile qu'ils renferment est toujours inférieure à celle que contiennent les vernis pour extérieur. Nous ferons encore remarquer en passant les différences énormes entre les 3 formules ci-dessus. La formule C donne des proportions admissibles, bien qu'indiquant trop peu d'essence.

Quand on prépare des vernis communs à la colophane, on doit diminuer la quantité d'huile cuite. Enfin, pour les qualités tout à fait communes, on remplace l'essence par un des nombreux substituts dont nous avons parlé.

Vernis pour planchers. — Ce sont des vernis employés directement sur les parquets ou les planchers non colorés. On en fait une grande consommation dans le Nord de la France. Comme ils se vendent à un prix assez bas, ils contiennent générale-

ment des gommes demi-dures de qualité ordinaire.
Ils doivent sécher en quelques heures et durcir ensuite
très rapidement. Ils se fabriquent avec de l'huile de
lin cuite très siccative.

Siccatifs liquides. — On obtient les siccatifs
liquides, dont on fait une consommation considérable, en cuisant fortement l'huile de lin et en ajoutant, au moment voulu, une très grande quantité
d'essence de térébenthine, de façon à avoir un liquide
extrêmement fluide. On a donné un grand nombre
de formules pour la préparation des siccatifs liquides ; en voici une indiquée par Andés.

Huile de lin	27
Litharge	7.65
Bioxyde de manganèse	7.65
Minium	3.70
Essence	54
	100

La préparation des siccatifs liquides, qui paraît
si facile, est entourée d'une quantité de tours de
mains tels, qu'on rencontre rarement un produit
parfait, lequel doit sécher en quelques minutes, ne
jamais faire *crevasser* les teintes, et les faire *durcir* le
plus possible.

Les siccatifs liquides sont très foncés ; aussi sont-
ils inemployables dans les teintes claires. Quelques
fabricants font des siccatifs liquides à peine colorés
en jaune paille, mais n'ayant pas une activité aussi
grande. Les renseignements fournis sur cette fabrication sont les suivants : emploi comme oxydants
pendant la cuisson d'acétate de plomb, de blanc de

14

plomb, de borate de manganèse, de blanc de zinc (1);
ou cuisson en présence d'une grande quantité d'eau
avec litharge et acétate de plomb (2).

Dans les siccatifs foncés, on remplace parfois tout
ou partie de l'essence par un des dissolvants dont
nous avons parlé, dans le but de diminuer considérablement le prix de revient.

Il convient, dans tous les cas, de ne pas exagérer la
proportion de siccatif liquide que l'on incorpore
dans les teintes. Il est facile de connaître très rapidement l'énergie d'un siccatif : si l'on étale en
couches minces, sur une lame de verre, différents
siccatifs, on constate que le temps mis par la pellicule à devenir complètement sèche varie de 2, 3
minutes à 7 et même 10 minutes. Il est bien évident
que celui séchant le plus rapidement sera, à prix
égal, le plus économique.

III. Vernis industriels.

Le nombre des industries qui emploient des vernis
est fort considérable et les qualités exigées par
chacune d'elles compliquent considérablement la
fabrication de ces vernis. Il faut que le fabricant de
vernis connaisse bien et les conditions dans lesquelles le vernis est employé et les propriétés qu'on en
exige.

Nous nous contenterons d'étudier quelques vernis

(1) Livache. — *Vernis et huiles siccatives*, page 227.
(2) R. Lemoine et C. Du Manoir. — *Manuel de la fabrication des couleurs*, page 19.

industriels dont la consommation est très importante, et de signaler simplement les plus usités
parmi ceux dont l'importance n'est que secon-
daire.

Vernis à froid

Vernis noirs divers. — En diminuant considérablement la quantité d'huile qui entre dans la
composition des vernis japon, et en substituant la
colophane à la gomme, on arrive à obtenir des vernis noirs à bas prix, très employés pour les ferrures.

Enfin, en substituant aux brais noirs, mêmes ordinaires, des asphaltes communs, et à l'essence de térébenthine des huiles et des essences de houille, on
fabrique des vernis noirs dits: *vernis noirs métalliques*
dont les prix sont extraordinairement bas. Ils ont
l'inconvénient de sécher très lentement. Voici la
première formule qui a été donnée pour ces vernis (1) :

        Huile lourde de houille....   1 partie
        Brai sec................   2   »

Il est recommandé de faire subir à l'huile des distillations pour la débarrasser de la plus grande partie de la naphtaline.

En remplaçant l'huile de houille par de l'essence
de houille, on obtient un produit plus siccatif, mais à
prix de revient plus élevé ; on a également proposé d'augmenter l'adhérence en ajoutant une solution de caoutchouc (2) :

(1) Guittet, brevet 51.868, année 1861.
(2) Cuenin et Berte, brevet 69.408, année 1865.

Brai.   7 p.
Essence de houille . . . .   2 p. 25
Solution. . . . .   0 p. 75
Cette solution renferme (?) :
Caoutchouc . . . .   7 p. 5
Gutta-percha. . . . .   7 p. 5
Essence minérale épurée. .   8 p. 5

Nous avons été conduit à ces formules, qui ne donnent certainement pas de vernis gras, pour laisser dans un seul cadre tous les vernis noirs industriels.

Le fabricant prépare son vernis métallique en faisant varier les proportions entre les dissolvants et l'asphalte selon la consistance à obtenir ; généralement on emploie comme dissolvant un mélange d'huile et d'essence de houille, avec d'autant plus d'essence que l'on désire une siccativité plus grande.

Pour les vernis noirs employés en vannerie, on utilise le brai stéarique qui donne un vernis bien noir, souple et séchant bien.

Pour les vernis noirs destinés à recouvrir des surfaces métalliques supportant une grande fatigue, on a proposé (1) : parties égales d'asphaltes et de colophane et 1/2 partie d'huile de lin, en ajoutant au mélange une partie de succin fondu, puis la quantité d'essence nécessaire.

Vernis à bronzer. — Les vernis à bronzer sont des vernis très fluides et qui, par conséquent, contiennent une très grande quantité d'essence. Ils

(1) Sieburger *Bulletin de la société chimique*, 1873, t. **XX**, p. 318.

servent à fixer les poudres de bronze ou d'aluminium. Selon la nature de la gomme employée ils sont plus ou moins pâles. Ils renferment peu d'huile mais celle-ci doit être très siccative.

Mixtions. — Les mixtions s'appliquent sur les objets qu'on veut recouvrir de feuilles d'or, d'argent (ou imitations) et d'aluminium. On fabrique des mixtions pouvant encore recevoir les feuilles métalliques 2 heures ou 20 heures après application. Les mixtions séchant le plus lentement sont les plus solides et les plus incolores. Tripier Devaux a recommandé comme mixtion l'huile de lin siccative additionnée de térébenthine de Venise. Actuellement, les meilleures mixtions ne sont que des mélanges d'huiles cuites et d'essence de térébenthine, mélanges rendus plus ou moins siccatifs pour constituer des mixtions de 2 heures à 20 heures.

Vernis pour lames. — Les vernis pour lames se consomment en énormes quantités dans certaines régions. Ces vernis, destinés aux lames de filature et aux engins de pêche, doivent être brillants, souples et résistants, et, ce qui complique beaucoup, vendus à bas prix.

On les applique à la brosse ou au pinceau. Les premiers fabriqués étaient peu liquides à la tempéture ordinaire (1) : addition à la gomme fondue (copal dur ou demi-dur) de partie égale d'huile siccative, puis d'une petite quantité d'essence de térébenthine. Le vernis ainsi préparé était employé à chaud, par trempage ou au pinceau, à la brosse ou au tampon.

(1) Kessler, brevet 81.782, année 1868.

On a encore proposé pour ce genre de vernis l'emploi du stéarate d'aluminium (1), en solution dans l'essence de térébenthine. Cette solution donne **un** enduit peu brillant, mais souple et hydrofuge.

L'industrie prépare actuellement de bons vernis pour lames, à l'aide des gommes tendres convenablement travaillées pour supporter une assez grande quantité d'huile siccative. L'addition d'essence donne un vernis qui ne doit pas être trop fluide, mais souple et bien siccatif.

Vernis pour carènes de navires. — Le but de ces vernis, qui ont perdu beaucoup de leur importance depuis que l'on a fait des peintures sousmarines, est non seulement de préserver les carènes de l'action de l'eau, mais aussi d'éviter l'adhérence des herbes. des coquillages, etc. On y arrive en introduisant dans les vernis des substances toxiques.

Galipot..................	**25**
Colophane	**25**
Essence de térébentine.....	50

On peut remplacer l'essence par un autre dissolvant. Ajoutons qu'il est avantageux de constituer un vernis gras en ajoutant une quantité plus ou moins forte d'huile siccative. A 80 parties de ce vernis, on incorpore **2** parties de régule d'antimoine et **18** parties de sulfure de cuivre (**2**).

Dans un autre ordre d'idées, un mélange de caoutchouc et de colophane, avec brai noir et sulfure de

(1) C. Puscher, *Moniteur scientifique*, février 1875.
(2) Guibert, brevet 66.030, année 1865.

carbone, additionné de sels métalliques, a été également proposé (1) :

Composition liquide.....   5 k.
Cyanure de cuivre.......   0 k. 500
Chlorocyanure de mer-
    cure ....   0 k. 750

Il existe d'ailleurs nombre de brevets sur la question : n° 96.665, année 1872, emploi du sulfocyanure de cuivre ; n° 2093 (anglais) emploi du phénol et des sels de cuivre et de mercure ; n° 2572 (anglais) usage du verdet et de l'arsenic. Voici la formule donnée dans ce dernier brevet.

Résidus de la distillation de
    l'huile de palme..........   4
Verdet....................   9
Arsenic...................   18
Essence de térébenthine......   7
Huile de lin   7

Il convient de retenir qu'un vernis préparé avec de bonnes gommes, bien souple et contenant un sel véneux (arsenical, mercuriel, etc.), donnera de très bons résultats.

Vernis divers. — Beaucoup d'industries utilisent encore des vernis à froid, nous ne ferons que les citer, ne pouvant pas entrer dans de plus grands détails : la brosserie, les papiers peints, la vannerie, les fabricants de lits en fer, de jouets, de coffres-forts, etc.

(1) De Brion, brevet 70.624, année 1866.

Vernis au four

Parmi les vernis que l'on fait sécher au four, on peut considérer 2 subdivisions :

1° les vernis à l'étuve ;

2° les vernis au four.

Les premiers sèchent à une température comprise entre 60 et 100 degrés ; les seconds ne donnent toutes leurs propriétés que portés à une température comprise entre 150 et 200°. Nous signalerons pour chacun d'eux en particulier la température à laquelle il doit être employé.

Vernis polishing. — Le vernis polishing est généralement un vernis très pâle et très souple s'employant à l'étuve à 60°. Il peut être poli comme le vernis flatting. On en fait un grand usage dans l'impression sur tôle et dans la fabrication des meubles dits *laqués*. Le vernis polishing se fabrique avec des gommes demi-dures et choisies (on emploie beaucoup la siera Léone) et une huile cuite par l'action de la chaleur seule. En Angleterre, on ajoute à l'huile de lin ainsi cuite une proportion plus ou moins grande d'huile de ricin.

Les imprimeurs sur tôle emploient encore un vernis très analogue dit *mixing*.

Vernis dorés. — Ces vernis prennent une couleur dorée pâle ou foncée, selon qu'on les laisse au four plus ou moins longtemps et à une température plus ou moins élevée : c'est ainsi que le même vernis séché à 120° donnera un doré pâle, tandis que séché à 150°, pendant le même laps de temps, il donnera un doré foncé. On peut obtenir des vernis dorés sans aucune addition d'aloès, de gomme gutte, ou autre produit coloré. Voici une formule de vernis doré (1) :

Pyrocopal	23.54
Résine laque	5.66
Huile de lin cuite	23.64
Essence	47.06

Quand on n'emploie aucune substance colorée, on prépare les vernis dorés en utilisant une huile de lin très siccative et en faisant prendre à la gomme la plus grande quantité possible de cette huile. En étendant d'une faible quantité de dissolvant volatil, on obtient un vernis dit *vernis doré à la presse*, et s'employant exclusivement à la presse ; avec la quantité normale de dissolvant volatil on fabrique un vernis dit : *vernis doré au pinceau*.

Ces vernis dorés se consomment en quantités énormes : on les emploie pour les intérieurs de seaux, de boîtes à beurre et confitures ; pour la fabrication des boîtes de conserves, boîtes de sardines, etc.

Vernis polychromes. — Les vernis polychromes s'emploient pour obtenir des couleurs transparentes sur métaux. Depuis que l'industrie des matières colorantes fabrique d'une façon courante des stéarates de jaune, de vert, etc., ou autres matières colorantes dites rouge gras, jaune gras, etc., on obtient très aisément des vernis polychromes en dissolvant ces matières colorantes dans un vernis gras au four, vernis choisi d'après l'usage auquel il est destiné.

Vernis noirs. — Les vernis noirs au four sont

____

(1) L, Naudin, *Fabrication des vernis*, page 138.

fort nombreux : un des plus importants est celui qui est destiné à vernir les cadres des cycles. On l'emploie au four entre 150 et 200 degrés et c'est cette cuisson à haute température qui donne au vernis une solidité telle, qu'après séchage, on peut frapper énergiquement sur la couche sans qu'elle se détache. Ces vernis sont livrés très épais et l'émailleur constitue un bain en *coupant* le vernis avec un mélange à parties égales d'essence de térébenthine et de pétrole.

On fait parfois usage, pour la première couche, d'un même vernis, mais mat.

Les vernisseurs sur métaux utilisent un assez grand nombre de vernis noirs au four ou à l'étuve : pour plaques, pour parapluies, pour bouclerie, etc. Le vernis pour bouclerie sèche à l'étuve entre 60 et 100° ; il sert également pour les boutons, les buscs de corsets, etc.

En terminant cette rapide énumération, nous rappelons à nouveau que nous n'avons voulu qu'ébaucher une étude des vernis industriels.

IV. — Vernis pour cuirs

Nous plaçons ces vernis dans un chapitre spécial parce qu'ils sont fabriqués par les industriels qui en font usage, du moins en ce qui concerne ceux employés pour les cuirs noirs.

La préparation des cuirs vernis noirs comporte deux opérations : 1° l'*apprêtage* de la peau, à l'huile de lin cuite additionnée d'ocres ou de noir de fumée ; la pâte ainsi obtenue est étendue à la raclette sur la peau à apprêter. On fait plusieurs applications de cette pâte à quelques jours de distance et, après séchage, on ponce avec des pierres ponces factices connues sous le nom de *pierres Schumacher*. Cette série d'opérations peut être répétée plusieurs fois ; le but poursuivi est de créer un fonds pour l'application ultérieure du vernis. Avant le vernissage, on donne encore plusieurs couches d'huile cuite, coupée d'essence de térébenthine et additionnée de noir d'ivoire. Après la dernière couche, on ponce au tampon en employant une ponce en poudre très fine, dite *ponce à la soie*. 2⁰ Le *vernissage*, fait avec un vernis dont chaque fabricant a une recette particulière qu'il applique souvent lui-même.

Voici néanmoins les faits principaux connus sur la fabrication de ce vernis. Quelques auteurs l'on dit composé d'huile cuite, d'essence de térébenthine et de vernis gras au copal (1) :

Huile d'apprêt (huile cuite).	100
Bitume de Judée........	5
Vernis gras au copal......	50
Essence de térébenthine...	100

d'autres ont affirmé que l'on remplace le bitume de Judée par du bleu de Prusse.

Ce qui est établi, c'est que le bleu de Prusse joue un grand rôle dans la fabrication du vernis pour cuirs et que l'on a abandonné, d'une façon à peu près complète, l'emploi du vernis gras au copal. De sorte que l'on peut considérer les vernis pour cuirs comme des huiles cuites particulières où l'on emploie, à côté de

(1) P. Mabrun, *Dictionnaire des Arts et Manufactures*, t. 1.

litharge, et souvent sans, une proportion plus ou moins grande de bleu de Prusse et, dans certains cas, des sels de fer et du bitume de Judée : l'huile ainsi cuite est additionnée d'essence de térébenthine pour constituer le vernis. Le séchage se fait à l'étuve.

Le procédé suivant a été recommandé pour le vernissage de tous les cuirs et en particulier de la chèvre et du chevreau (1).

Vernis n⁰ 1

Huile cuite à 1 pour 100 de bleu de Prusse et additionnée d'un demi-volume de benzine   .   .   **115** p.

Solution à poids égaux de camphre dans la benzine   .   .   .   .   **45** »

Solution à poids égaux de gomme chiche (?) dans la benzine   .   .   .   .   .   .   **20** »

Solution de caoutchouc dans l'essence de térébenthine   .   .   .   .   **20** »

Vernis n⁰ 2

Huile cuite à 8 pour 100 de bleu de Prusse et additionnée d'un demi-volume de benzine   **70** p.

Solution de camphre   .   .   .   .   **50** »

Le vernis n⁰ 1 est séché à 80⁰ ; la gomme et le camphre qu'il contient empêchent l'absorption par le cuir et donnent de la souplesse. Le vernis n⁰ 2 s'applique après durcissement du vernis n⁰ 1, on sèche

(2) Wolff, *Perfectionnements aux cuirs vernis et aux vernis employés.* Brevet, 291.337, 16 novembre 1899.

à l'étuve puis on expose à l'air ; le camphre retarde la prise.

On fait encore des cuirs vernis blancs (chaussures d'enfants) et des cuirs vernis de couleurs. Les premiers sont colorés à la céruse, puis vernis avec un vernis incolore spécial dit *vernis pour cuirs*, et généralement fourni aux fabricants de cuirs vernis par les fabricants de vernis gras. Ce vernis doit être souple, peu coloré, et doit bien sécher à l'étuve. Il est très voisin du vernis que nous avons décrit sous le nom de polishing. Ce même vernis peut servir pour les cuirs colorés dont on fait d'ailleurs très peu usage, l'industrie utilisant surtout les cuirs teints.

V. — Vernis pour encres d'imprimerie.

Nous donnons simplement quelques indications sur la nature des vernis employés, vernis qui sont toujours préparés par le fabricant d'encres. Il existe d'ailleurs des ouvrages et articles spéciaux traitant en détail de la question si complexe des encres d'imprimerie (1).

Vernis pour encres typographiques. — L'élément principal est une huile de lin cuite, ou pour les encres à prix élevés, l'huile de noix cuite. Ces huiles sont cuites sans addition de siccatifs et nous avons déjà dit qu'il en existait plusieurs types du *faible* au *mordant*. Le faible s'emploie à la presse mécanique par les temps froids, le fort est utilisé à la presse à bras,

(1) *Préparation de l'encre d'imprimerie.* par Savage, Londres, 1832. *Manuel de la lithographie,* par Chevalier et Langlumé. Etudes de Villon.

pendant les journées chaudes. Pour éviter le cerne jaune on ajoute un siccatif préparé au borate de manganèse (1).

Dans le but d'obtenir de la consistance sans pousser la cuisson, on incorpore de la colophane pour les vernis destinés aux encres communes, et du baume de Canada ou du baume de copahu pour les vernis de première qualité. Enfin, pour donner du liant, on ajoute du savon ou du savon de résine. Les proportions de ces différents éléments sont assez variables. M. Livache indique les suivantes pour les qualités extrêmes :

	Première qualité.	Qualité ordinaire.
Huile cuite.	100	100
Colophane.	25	75
Savon	8	4
Siccatif	12	6

Pour les encres noires à journaux, qui se vendent à des prix tout à fait bas, on constitue le vernis par dissolution et cuisson de colophane ordinaire dans l'huile de résine.

Vernis pour encres lithographiques. — Les mêmes vernis sont employés en lithographie, mais on n'ajoute en général ni savon, ni colophane : le vernis faible s'emploie pour les dessins faits au trait ; le vernis fort pour les dessins au crayon.

Vernis pour encres pour la taille douce. — D'après Villon ce vernis se préparerait comme les vernis pour typographie, mais exigerait une cuisson plus poussée. On monte à 180°, on ajoute 1/4 pour 100 de

____

(1) Le résultat ne nous paraît pas certain.

bichromate de potasse, on laisse la température s'élever à 300°, et on se maintient une demi heure au-dessus de cette température en incorporant 1/4 pour 100 de bleu de Prusse. On obtient ainsi l'*huile forte*. En ne dépassant pas 275°, et en laissant moins long-temps sur le feu, l'huile obtenue est dite *huile claire*. Le vernis employé au broyage est généralement composé de 1/4 d'huile forte pour 3/4 d'huile claire.

CHAPITRE VII

ANALYSE ET ESSAIS DES VERNIS GRAS

Analyse des vernis.

L'analyse chimique d'un vernis est une opération fort délicate et sur laquelle peu de renseignements ont été fournis.

Les éléments physiques que l'on peut aisément déterminer sont la densité et la viscosité.

Densité. — La densité se détermine à l'aide de la balance de Mohr. Cette densité est toujours inférieure à 1 ; mais elle varie avec la nature du vernis et surtout avec la nature du dissolvant volatil. Voici quelques chiffres :

Vernis superfin à caisses. . . $D_9 = 0.952$
»   à trains n° 2. . $D_{10} = 0.951$
»   à carrioles . . $D_{10} = 0\,955$
»   flatting. . . . $D_9 = 0.940$
»   extérieur pâle . $D_9 = 0.949$
»   intérieur pâle . $D_{10} = 0.953$
»   »   n° 2 . $D_9 = 0.939$
Siccatif liquide . . . . $D_9 = 0.952$

Quand on remplace l'essence par un autre dissolvant, white spirit, par exemple, on trouve les densités suivantes :

Vernis pour intérieur . . . . $D_9 = 0.944$

Siccatif liquide. . . . . . . $D_9 = 0.856$

Viscosité.— La viscosité se détermine à l'ixomètre, appareil dont nous vous avons déjà parlé à propos des huiles.

Voici quelques chiffres que nous avons obtenus à la température de 35°.

Superfin à caisses A.	.	.	45
» » B.	.	.	28
» » C.	.	.	29
» » D.	.	.	34
Vernis à trains n° 2 A.	.	.	30.7
» » n° 2 E.	.	.	49.5
» flatting E.	.	.	40.5
» » G.	.	.	40.3

Les lettres indiquent des vernis de différents fabricants. Comme on le voit les mêmes vernis varient énormément, au point de vue fluidité, d'un fabricant à l'autre. En général les vernis anglais sont beaucoup plus fluides que les vernis français.

L'examen chimique comporte 3 déterminations :

1° Dosage de l'essence ;

2° » de l'huile ;

3° Recherche des gommes.

1° Dosage de l'essence.— On ne peut pas doser l'essence par une distillation directe qui ne chasserait pas la totalité de l'essence, même en opérant dans le vide. Barreswil (1) avait proposé de broyer

(1) *Répertoire de chimie appliquée*, 1867, page 444.

le vernis avec de l'oxyde de zinc, ajouter ensuite de l'eau et filtrer. L'essence reste dans le magma que l'on introduit dans un petit ballon avec un peu d'eau En distillant, la totalité de l'essence passe avec les 10 premiers centimètres cubes.

Un procédé très commode et exact est celui indiqué par C. Parker et Mac Hhiney ([1]). Dans une fiole de 400 cc. on distille 25 gr. de vernis additionné de 100 cc. d'eau et de quelques grenailles d'étain. On recueille 90 à 95 cc., l'essence surnage et on lit très aisément le volume ; on fait une correction en admettant une dissolution de 0 gr. 3 d'essence pour 90 cc. d'eau.

Voici quelques résultats que nous avons obtenus en utilisant cette dernière méthode. Nous conservons les mêmes lettres que pour la viscosité.

Superfin	à Caisses A.	.	41.30	pour 100
»	»	C. . .	48.90	» »
Flatting		G. . .	55.70	» »
»	»	H. . .	56.60	» »
Vernis à trains n° 2	G.	. .	50.50	» »

2⁰ Dosage de l'huile. — On a proposé d'employer des méthodes analogues à celles qu'on emploie pour l'analyse directe des huiles, mais elles ne peuvent donner ici aucun renseignement utile.

En laissant évaporer un vernis sur une plaque de verre, on obtient une pellicule composée de linoxine et de gommes ; en dissolvant celles-ci dans l'alcool, par exemple, on laisse comme résidu la linoxine, du poids de laquelle on déduit le poids d'huile en admet-

---

(1) *Moniteur Quesneville,* janvier 1895.

tant comme poids d'oxygène absorbé 15 à 16 0/0.
L'épuisement peut être fait facilement par l'alcool
amylique, mais il est fort long à pratiquer.

Voici quelques-uns des résultats que nous avons
obtenus en opérant ainsi :

Superfin à Caisses A.	.	.	35.15 pour	100
»	»	B. . .	45.55 »	»
»	»	C. . .	40 »	»
Vernis flatting	B. . .	34.20 »	»
»	»	C. . .	30.70 »	»
»	»	D. . .	30.20 »	»

D'une façon générale, les nombres fournis par
cette méthode sont trop faibles, ce qui s'explique aisément si on veut bien se rappeler que nous avons
toujours considéré comme trop élevé le chiffre de
15 à 16 pour 100 indiqué pour l'absorbtion d'oxygène par l'huile de lin.

Nous avons préparé quelques vernis dans lesquels
nous avons ensuite dosé l'huile, ce qui nous a permis de faire les comparaisons suivantes :

	Quantités mises	Quantités dosées
N° 1.	51.94	46.72
N° 2.	51.94	46.60
N° 3.	51.94	49.50
N° 4.	50 35	48.10
N° 5.	50.35	47
N° 6.	49.64	46.57
N° 7.	51.44	46.63
N° 8.	51 95	47.96
N° 9.	51.95	47.68
N° 10.	51.95	47.68
N° 11.	53.11	51.43

Nous pourrions donner encore d'autres exemples montrant bien que le nombre obtenu par dosage est *toujours* trop faible.

En admettant pour chiffre d'absorption d'oxygène 6 pour 0/0 (moyenne de nombreuses expériences), voici les résultats que l'on obtient, en même temps que les différences constatées avec les **2** méthodes.

		Quantités mises	Quantités dosées	Différences avec la 1re méthode	Différences avec la 2e méthode
Nº	1	51.94	50.50	5.22	1.44
	2	51.94	50.40	5.34	1.54
	3	51.94	53 60	2.44	1.66
	4	50.35	52.	2.25	1.65
	5	50.35	50.80	3.35	0.45
	6	49.64	50.34	3.07	0.70
	7	51.44	50.41	4.81	1.03
	8	51.95	51.85	3.99	0.10
	9	51.95	51.35	4.27	0.60
	10	51.95	51.35	4.27	0.60
	11	53.11	55.60	1.68	2.49

On peut voir que les différences sont beaucoup moins grandes avec la seconde méthode.

3° **Dosage de la gomme**. — En évaporant la dissolution obtenue et en épuisant la pellicule desséchée, on doit obtenir un résidu donnant le poids de la gomme ou des gommes contenues dans le vernis. Ce poids est toujours très inférieur à celui de la gomme *employée* en fabrication. Nous savons en effet que celle-ci peut perdre jusqu'à **25** pour **100** à la cuisson. Les chiffres obtenus en effectuant cette pesée sont extrêmement variables.

Voici quelques nombres déterminés sur des vernis connus :

		Quantités mises	Quantités dosées
	N° 1. . .	27.20	28.27 (?)
	N° 2. . .	27.20	14.08
	N° 3. . .	22.	14.30
(Zanzibar)	N° 4 . .	20.70	13.70
(Madagascar)	N° 5. . .	20.70	18.18
(Kauri)	N° 6. . .	20 70	22.40 (?)
(Brésil)	N° 7. . .	20 70	21.80
(Copal d'Afrique)	N° 8. . .	20.70	19.06
(Angola rouge)	N° 9. . .	20.70	13.72
	N° 10. . .	21.42	17.42
	N° 11. . .	23 94	20.84

Quant on veut examiner les gommes ainsi obtenues
dans le but de déterminer leur nature, on se trouve
en présence d'un problème absolument insoluble :
les gommes ont été déjà profondément modifiées par
la cuisson, mais comme nous avons déterminé les
constantes de ces gommes, *après cuisson*, on devrait
pouvoir, en se basant sur ces nouveaux nombres,
déterminer la ou les gommes cherchées. Mais les
manipulations analytiques elles-mêmes, le peu des
dissolvants qui peuvent rester, font qu'on se trouve
en présence d'une masse sur laquelle il est impossible de faire une détermination sérieuse.

Examen chimique général. — On peut examiner le vernis au point de vue de sa réaction : en
agitant avec de l'eau, on ne doit constater aucune
réaction acide. L'analyse des cendres (on en trouve
très peu) fixera sur la nature des siccatifs employés
en fabrication. Voici un exemple : dosage du plomb
dans les cendres provenant de 10 gr. de vernis :

0 gr. 090 de sulfate de plomb

le vernis examiné contenait donc 6 gr. 15 de plomb par litre (quantité très forte).

On recherche la présence des huiles minérales par l'action de la potasse alcoolique : une saponification incomplète indiquera la présence de ces huiles.

Pour mesurer le degré d'oxydation d'un vernis, le Dr Fahrion (1) a proposé un procédé basé sur ce fait que les acides gras non saturés donnent, quand on les oxyde, des oxyacides insolubles dans l'éther de pétrole, tandis que les acides gras saturés, ou leurs produits d'oxydation, sont solubles.

Essai pratique des vernis.

L'essai pratique des vernis doit être fait par un ouvrier peintre. On a proposé d'opérer en faisant des pellicules sur verre, uniformes comme dimensions, en retenant le vernis dans un cadre d'épaisseur déterminée, puis d'essayer l'élasticité et la résistance à l'aide d'un cylindre à arrètes vives, chargé d'une masse additionnelle de plomb plus ou moins forte.

Le moyen le plus simple et le plus pratique pour essayer les vernis consiste à employer des panneaux en bois et en métal, panneaux préparés *exactement* comme on prépare les panneaux d'une voiture.

De cette façon, on aura en *petit* l'image exacte de ce qui se passera en *grand* chez le consommateur de vernis.

On voit ainsi immédiatement le brillant que prend

(1) *Moniteur Scientifique,* mars 1892, page 195.

le vernis soumis à l'essai, et le temps nécessaire pour qu'il soit *pris* et complètement *sec*. En essayant le même vernis sur différents panneaux préparés avec des couleurs plus ou moins tendres, on verra également de suite si le vernis ne teinte pas les nuances délicates.

Quant aux différentes qualités que doivent posséder les vernis spéciaux, on peut également les reconnaître avec les panneaux. Prenons le vernis flatting, par exemple : dès qu'il sera sec on verra s'il se laisse bien po,ir, si on ne constate pas d'arrachemert pendant le polisssge et enfin si, une fois poli, le vernis ne repousse pas au gras.

Les panneaux de vernis pour intérieur seront conservés dans une salle spéciale ; ceux pour extérieur seront placés dans une cour, bien exposés au soleil. Tous seront examinés souvent pour voir comment ils se comportent avec le temps.

Ce n'est qu'après avoir fait ces essais généraux et les essais particuliers à chaque vernis, qu'un fabri. cant sérieux mettra en vente les vernis de sa fabrication qu'il aura reconnus parfaits sous tous les rapports.

Il peut arriver qu'on ait à porter un jugement hâtif sur la valeur d'un vernis au point de vue de sa *durée*. Voici alors comment on peut opérer : on fait un petit panneau et une fois le vernis sec, on porte successivement le panneau à une forte température puis dans l'eau froide ; en répétant plusieurs fois ces brusques changements, si on ne constate aucune modification c'est que le vernis soumis à l'essai a beaucoup de chances d'être très durable.

Pour les vernis au four on doit faire l'essai exactement à la température et pendant le temps fixé. Cela a une grande importance car tel vernis séchant à 100° en 2 heures ne séchera pas complètement si la température n'est que 70°, par exemple, ou s'il n'est laissé à 100° que pendant une heure.

DEUXIÈME PARTIE

INDUSTRIE DES VERNIS A L'ESSENCE

GÉNÉRALITÉS

Nous avons vu, dans les chapitres précédents, quelles précieuses propriétés donnait aux vernis gras la présence d'huiles végétales ; mais nous avons vu également que les vernis gras étaient toujours assez longs à *sécher* et surtout à *durcir*. De plus, leur fabrication est longue et délicate. Aussi, quand on ne recherche pas une solidité très grande, on supprime l'huile végétale, et en dissolvant simplement les gommes dans l'essence de térébenthine, on obtient des vernis *maigres*, dans lesquels le dissolvant disparaît presque entièrement pendant l'évaporation ; mais, pour une même gomme, le vernis ainsi fabriqué sera moins coloré qu'un vernis gras et il séchera plus vite. Pendant l'évaporation l'essence de térébenthine ne disparaît pas complètement : une partie se résinifie, en donnant une substance visqueuse, servant de lien aux molécules de gomme, ce qui assure une certaine solidité à la pellicule finale, cette substance visqueuse finissant par durcir.

La différence entre les vernis à l'essence et les vernis gras est donc très nette et on comprend aisément quels sont les résultats que l'on peut attendre de l'emploi de vernis appartenant à l'une ou l'autre de ces deux catégories.

Les vernis à l'essence ne sont jamais employés en carrosserie et le peintre en bâtiments n'en utilise que fort peu, pour les travaux intérieurs seulement. Néanmoins, ceux de ces vernis employés dans le bâtiment le sont en assez sérieuse quantité, parce que ce sont des vernis complètement *blancs* et qu'aucun vernis gras ne peut les remplacer pour les usages spéciaux auxquels on les destine.

L'industrie a utilisé beaucoup de vernis à l'essence ; nous aurons occasion de le voir en étudiant la fabrication des différents vernis à l'essence.

CHAPITRE PREMIER

MATIÈRES PREMIÈRES

GOMMES

Le fabricant de vernis à l'essence met en œuvre partie des gommes que nous avons décrites à propos des vernis gras ; mais il emploie également certaines gommes dont le fabricant de verni- gras ne fait que peu ou pas usage. Nous allons en donner la description.

Sandaraque. — La sandaraque n'est pas une gomme fossile : c'est le produit d'exsudation d'un arbre du Nord et de l'Est de l'Afrique, et du Nord de l'Amérique (*Thuya articulata*). L'Algérie et le Maroc sont les deux plus grands pays producteurs de cette gomme qui se présente sous l'aspect de larmes allongées, classée généralement en 2 catégories :

1º *La sandaraque commune*, dont les morceaux sont plus ou moins foncés et d'un brun rouge.

2º *La sandaraque en larmes*; ce sont les morceaux choisis, d'un jaune très pàle, à cassure vitreuse et transparente, sans saveur marquée.

Nous ne donnons pas ici les propriétés de la sandaraque, au point de vue solubilité ; nous étudierons ces propriétés pour l'ensemble des gommes dont nous parlons, ainsi que nous l'avons fait dans la partie consacrée aux vernis gras.

La sandaraque est un copal tendre et nous ne sommes pas de l'avis de M. Livache qui écrit : « la dureté de la sandaraque, égale à celle du copal Kauri... (1) ». Il n'y a aucune comparaison à établir entre la dureté de la sandaraque et celle de la gomme Kauri. On sait d'ailleurs que le principal défaut d'un vernis à la sandaraque pure est d'être trop tendre. La gomme Kauri est incomparablement plus dure que la sandaraque.

Ecrasée sous la dent, la sandaraque est facilement réduite en poudre fine. Elle est composée de trois résines différentes auxquelles on a donné les formules suivantes (2) :

$$C^{40}H^{62}O^5 \quad ; \quad C^{40}H^{62}O^6 \quad ; \quad C^{40}H^{60}O^6$$

C'est la seconde qui domine.

Mastic. — L'arbrisseau qui fournit cette gomme est nommé *lentisque* ou *mastic*. On obtient la gomme en faisant des incisions légères et nombreuses sur le tronc ; on laisse le suc se résinifier à l'air, ce qui a lieu assez rapidement, et on obtient alors des larmes arrondies.

Les qualités les plus appréciées proviennent de l'île de Chio.

En Turquie et en Orient on consomme de grandes

<hr>

1. *Vernis et huiles siccatives*, page 28.
2. Schützenberger. *Traité de Chimie générale*, Tome VI, page 103.

quantités de mastic pour embellir les dents. D'ailleurs, le mastic est la base de nombreux ciments pour le plombage des dents ; la médecine l'utilise comme tonique et astringent (2 à 8 grammes par jour) et dans le traitement de l'incontinence d'urine.

Commercialement, dans l'industrie du vernis, on connaît deux variétés de mastic :

1° *Le mastic en larmes*. — C'est celui qui est recueilli sur l'arbre lui-même. Il se présente sous l'apparence de larmes arrondies, très petites, irrégulières, peu colorées en jaune très pâle. On appelle encore le mastic en larmes *mastic officinal*. C'est la sorte la plus estimée

2° *Le mastic en sorte*. — Il provient du suc laiteux qui, ayant tombé de l'arbrisseau, s'est résinifié, soit à terre, soit sur les pierres disposées tout autour du tronc Les morceaux sont plus gros et plus irréguliers encore que les larmes précédentes ; ils sont également plus colorés et souillés d'impuretés. Le mastic en sorte est connu sous les noms de *mastic commun* ou *mastic femelle*.

Le mastic a une odeur faiblement balsamique et une saveur légèrement amère. Quand on le casse sous la dent, les morceaux formés se soudent entre eux : c'est un caractère distinctif entre la sandaraque et le mastic.

Le mastic est constitué par 2 résines : l'une, à caractère nettement acide, de formule $C^{40}H^{62}O^4$, est soluble dans l'alcool ; l'autre, de formule $C^{40}H^{62}O^2$, est insoluble dans ce dissolvant. La partie soluble dans l'alcool est précipitée par le chlore ou par une solution alcoolique d'acétate de plomb.

Le mastic est un copal tendre, fondant à plus basse température que la sandaraque, mais donnant des vernis assez élastiques, à peine colorés en jaune paille. C'est une gomme (1) d'un prix élevé.

Dammar. — Il existe un certain nombre de variétés de dammar : nous avons déjà dit que la kauri, placé dans cette classe, devait avoir une place nettement à part.

Nous n'entrerons pas dans la description de tous les types décrits par Guibourt. C'est ainsi que le *dammar noir* ou *kala*, le *dammar de l'Inde*, le *dammar Puti*, etc., sont des gommes absolument inutilisées dans l'industrie des vernis en Europe ; leur description ne présente donc pas d'intérêt pour nous. Aux Indes, par exemple, on emploie sur place de ces variétés de dammar, soit pour faire des vernis à l'essence, soit pour fabriquer de la cire à cacheter.

Les deux variétés de dammar utilisées pour la fabrication des vernis à l'essence sont les suivantes :

1° *Le dammar de Batavia.* — C'est la sorte la plus estimée. Elle se présente sous l'aspect de morceaux arrondis, de dimensions variables, mais toujours parfaitement blancs et friables.

La caractéristique de cette gomme est le mamelonnage des morceaux et la facilité avec laquelle on les transforme en poussière blanche par simple pression de la main.

Elle est classée en cinq grosseurs, dans le pays de

1. Nous avons expliqué pourquoi nous appelons toutes ces matières premières des *gommes*.

production même. Les plus gros morceaux atteignent la grosseur d'une noix. Voici les proportions commerciales des différentes grosseurs désignées par des lettres :

A.   10
B.   10
C.   30
D.   22
E (poussière)   28

Il donne par simple dissolution dans l'essence de térébenthine des vernis incolores désignés sous le nom de *vernis cristal*.

2° *Le dammar Padang.* — Il vient de Sumatra, son aspect extérieur est analogue au dammar de Batavia, mais on peut toujours se le procurer à un prix bien inférieur. Nous dirons pourquoi plus loin.

Le dammar, produit d'exsudation d'un conifère, est composé de deux résines : l'acide dammarylique $C^{45}H^{74}O^4$ et d'un anhydre de cet acide ayant par conséquent pour formule $C^{45}H^{72}O^3$.

Elémis. — Les élemis sont des oléo-résines, de consistance très molle, de couleur variant du blanc presque pur au jaune un peu foncé. On en connait plusieurs espèces dont les principales sont :

1° *L'élémi du Brésil.* — Colorée en jaune verdâtre ; molle au début, elle durcit avec le temps.

L'odeur est forte et agréable, rappelant celle de l'anis.

2° *L'élémi du Mexique.* — D'un aspect très analogue à la précédente, elle est néanmoins d'un jaune plus clair.

3° *L'élémi de Manille.* — C'est la sorte qui se consomme le plus et dont on trouve des lots pour ainsi dire tout à fait blancs; elle est extrêmement molle et contient quantité de petits cristaux.

Toutes les gommes élémi sont souillées par une plus ou moins grande quantité de débris végétaux ; leur consistance oblige à les expédier dans des caisses en bois doublées de métal.

L'alcool chaud, d'après les différents auteurs, donne une dissolution complète, mais il se précipite à froid une portion blanche, légère et opaque, appelée *élémine*. D'après Bouastre l'élémi renfermerait :

Partie soluble dans l'alcool (gomme)... 60
    » insoluble » (elémine) .. 24
Essence 12,50
Extrait amer........................ 2
Impuretés.......................... 1,50

La proportion d'essence est, paraît-il, très variable : certains auteurs indiquent 3 pour 100 seulement.

Cette essence bout vers 170° ; son odeur rappelle celle de l'essence de térébentine.

Thus. — La gomme *thus* ou *scrape* a un aspect absolument analogue à celui de l'élémi et il est même probable que l'on vend couramment de l'élémi sous le nom de *thus*.

La véritable gomme thus provient de la térébenthine américaine : c'est le galipot du pin d'Amérique ; par conséquent elle contient les mêmes impuretés que notre galipot, mais elle est tout à fait blanche ou légèrement teintée en jaune verdâtre. On a prétendu qu'elle était composée presque entièrement d'acide abiétique : ce qui nous surprend beaucoup, car nous avons obtenu avec de la gomme thus des vernis se mêlant parfaitement à la céruse.

Oliban. — C'est une gomme-résine, connue également sous le nom d'encens, se présentant sous l'aspect de larmes jaunes, dont on connaît 2 variétés : l'*oliban de l'Inde* et l'*oliban d'Afrique* (mâle et femelle). On peut en retirer une huile essentielle par distillation. Braconnot a donné les résultats analytiques suivants :

        Partie soluble dans l'alcool...   56
        Gomme   »   l'eau   30,8
        Huile essentielle...........   8
        Insoluble..................   5,2

Substance très peu employée.

Gomme-gutte. — Gomme-résine employée comme matière colorante. Elle provient de végétaux que l'on rencontre surtout au Cambodge et dans l'île de Ceylan

Le commerce la livre en bâtons de couleur jaune fauve foncé, à cassure fine et unie ; elle n'a pas d'odeur et une saveur amère peu prononcée.

Braconnot a reconnu que la gomme-gutte contient 75 à 80 pour 100 de produits solubles dans l'alcool et 20 à 25 pour 100 d'une gomme soluble dans l'eau en donnant une émulsion d'un très joli jaune.

Comme le sang-dragon, la gomme-gutte est surtout employée comme matière colorante dans la fabrication de vernis spéciaux.

Sang-dragon. — On l'emploie beaucoup pour

colorer les vernis à l'alcool, bien moins pour les vernis à l'essence, parce qu'il est peu soluble dans ce véhicule. La présence d'acide benzoïque a fait classer le sang-dragon, parmi les baumes. Il est fourni par un genre de palmier de l'Amérique du Sud, des Indes et des Canaries.

On le rencontre, tant à l'intérieur qu'à l'extérieur des fruits. On recueille le baume par grattage, agitation et tamisage.

D'après Herberger, le sang-dragon contient :

Résine rouge, acide et matière grasse soluble dans l'éther...........	90,7
Oxalate de chaux................	2
Phosphate de chaux..............	3,7
Acide benzoïque................	3
	99,4

Les variétés commerciales sont les suivantes :

Sang–dragon en galettes.
    »   d'Amérique.
    »   en olives.
    »   en bâtons.

La couleur varie du brun rougeâtre au rouge foncé.

En raison surtout de l'acide benzoïque qu'il contient le sang-dragon est utilisé en médecine comme hémostatique et astringent (poudre 1 à 10 grammes).

Aloès. — Les aloès, dont on connait beaucoup de variétés, sont de très belles plantes exotiques ; les feuilles contiennent un jus susceptible de donner une matière résineuse dénommée *aloès*. Pour cela on

exprime les feuilles et on laisse sécher au soleil le suc
qui s'en est échappé. On connaît un certain nombre
de variétés commerciales : l'*aloès soccotrin* ou *succo-
trin*, est translucide et sert de colorant ; c'est la variété la plus estimée ; l'*aloès du Cap* est beaucoup
plus foncé, il a des reflets verdàtres caractéristiques;
la pharmacie l'utilise comme purgatif.

Propriétés des gommes

Nous examinerons. comme pour les vernis gras,
les propriétés de ces différentes gommes, mais en
laissant de côté celles qui ne présentent qu'un intérêt. médiocre ou qui sont simplement employées
comme colorants.

Solubilité. — La solubilité dans les différents
dissolvants est ce qui intéresse le plus le fabricant;
nous allons donc en parler de suite (1).

Dammar (2).— 1º *Essence de térébenthine.*— D'après
tous les auteurs la gomme dammar est complètement
soluble dans l'essence de térébenthine; à froid, ou en
modérant l'action de la chaleur, la dissolution est
opaline ; nous aurons occasion d'étudier cette dissolution en parlant du vernis cristal.

2º *Alcool* — D'après le manuel Roret et M. Livache,
l'alcool bouillant dissout facilement le dammar ;
d'après M. Halphen, l'alcool froid en dissoudrait

---

(1) Tous les essais de solubilité ont été faits en opérant à
l'ébullition en présence d'un excès de dissolvant.
(2) Dammar de Batavia.

75 pour 100 ; enfin, Thomson indique une solubilité de 57 pour 100 dans l'alcool bouillant ; on voit combien toutes ces affirmations se contredisent.

Pour notre part, dans l'alcool bouillant, à 95°, nous n'avons fait entrer en dissolution que 45 pour 100 et nous estimons qu'il faut dire que l'alcool à 95°, et bouillant, dissout environ 50 pour 100 de gomme dammar (1).

3° *Alcool amylique* — D'après M. Halphen il n'y aurait aucune solubilité. En effet, même à chaud, l'action paraît faible, bien qu'il y ait attaque de la gomme et formation d'abondants flocons légers blancs. En insistant sur l'action de la chaleur, une partie entre en dissolution. Mais, à froid, il se dépose un abondant précipité blanc terne.

Quand on évapore la solution de dammar, obtenue à chaud dans l'essence de térébenthine, et qu'on traite le résidu par l'alcool amylique dans un appareil à épuisement, on obtient une dissolution complète.

4° *Chloroforme*. — D'après M. Livache, le dammar y serait incomplètement soluble ; nous avons constaté, au contraire, une solubilité complète.

5° *Benzine* — M. Livache indique une solubilité incomplète, M. Halphen, au contraire, une solubilité parfaite. Nous avons constaté à chaud une solubilité complète avec un léger trouble par refroidissement ; mais on peut admettre une entière solubilité ;

6° *Éther*. — Tous les auteurs sont d'accord pour indiquer une solubilité relative que nous avons cons-

---

(1) Par épuisement méthodique au Soxhlet on peut dissoudre 77 pour 100.

tatée également. M. Halphen n'indique que 2 0/0 d'insoluble ; ce chiffre nous paraît beaucoup trop faible.

7⁰ *Acétone.* — Nous avons constaté une insolubilité très marquée, même à chaud et en insistant longuement ; aussi sommes-nous très surpris de voir M. Livache indiquer l'acétone comme le meilleur dissolvant de la gomme dammar (1).

Sandaraque (2). — 1⁰ *Essence de térébenthine.* — Le manuel Roret indique une solubilité complète, M. Naudin également ; M. Livache dit que la solubilité est incomplète et M. Halphen dit la sandaraque peu soluble.

Les deux derniers auteurs donnent des solubilités conformes à celle que nous avons constatée ; nous n'avons jamais pu dissoudre complètement la sandaraque dans l'essence de térébenthine, même en insistant sur l'action à chaud pendant plusieurs heures au réfrigérant ascendant ; la partie insoluble est considérable.

Nous avons essayé sur la sandaraque l'action des différentes essences dont nous parlons plus loin. L'essence d'aspic arrive à dissoudre assez facilement et complètement la sandaraque : si, à la dissolution ainsi obtenue, on ajoute de l'essence de térébenthine, on constate un léger trouble que l'on fait disparaître par agitation ; mais, quand on a ajouté environ 50 pour 100 d'essence de térébenthine, le précipité obtenu est persistant.

(1) *Vernis et huiles siccatives*, page 23.
(2) Sandaraque en larmes.

L'essence de lavande agit d'abord à peu près comme l'essence de térébenthine ; en continuant l'action de la chaleur. une partie plus notable entre en dissolution, mais celle-ci est loin d'être complète.

L'essence de romarin permet d'obtenir une dissolution presque parfaite à chaud ; mais cette dissolution est fort longue à obtenir.

Il suffit d'une quantité peu notable d'essence de térébenthine. environ 15 à 20 pour 100, pour précipiter une partie de la sandaraque.

L'huile de cajeput donne rapidement une dissolution complète, mais la solution est colorée en jaune verdâtre. L'adjonction d'essence de térébenthine donne un précipité qui reste persistant quand on a ajouté environ 50 pour 100 d'essence de térébenthine.

2° *Alcool.* — Tous les auteurs sont d'accord pour indiquer une solubilité complète. La dissolution s'obtient facilement et rapidement.

3° *Alcool amylique.* — La dissolution est complète et s'obtient rapidement.

4° *Chloroforme.* — Ne dissout qu'une très faible quantité de sandaraque.

5° *Benzine.* — M. Livache donne la sandaraque comme très peu soluble dans la benzine ; nous avons constaté en effet que, même à chaud, la benzine était à peu près sans action.

6° *Ether.* — M Naudin et le manuel Roret disent que la sandaraque est peu soluble dans l'éther ; M. Livache, au contraire, indique une solubilité complète. La dissolution est en réalité complète et très facile à obtenir.

7° *Acétone*. — La dissolution est complète et s'obtient facilement à chaud.

Mastic (1). — 1° *Essence de térébenthine*. — Tous les auteurs sont d'accord pour indiquer une solubilité complète à chaud.

2° *Alcool*. — L'alcool à 95° le dissout d'une façon incomplète. MM. Livache et Halphen disent que l'alcool à 95° dissout 90 pour 100 de mastic, nous avons trouvé 85 à 88 pour 100 (2).

3° *Alcool amylique*. — La dissolution s'obtient complète et facilement.

4° *Chloroforme*. — Ce dissolvant permet également d'obtenir une dissolution complète.

5° *Benzine*. — M. Halphen donne le mastic comme peu soluble dans la benzine ; nous avons trouvé, au contraire, qu'il était très facile, à chaud, d'obtenir une dissolution complète.

6° *Éther*. — Les auteurs indiquent tous une solubilité complète ; cette solubilité est parfaite et très facile à obtenir.

7° *Acétone*. — M. Livache dit que l'acétone dissout complètement le mastic à chaud, M. Halphen dit que le mastic se dissout dans la moitié de son poids d'acétone, mais que la solution se trouble à froid. Nous avons essayé l'action de l'acétone, à chaud et fort longtemps, et nous avons constaté que la plus grande partie de la gomme refusait d'entrer en dissolution ; à froid il se fait un abondant précipité floconneux.

(1) Mastic en larmes.
(2) Par contre, un épuisement au Soxhlet ne permet de dissoudre que 62 pour 100.

On peut donc considérer le mastic comme peu soluble dans l'acétone.

Elémis. — Comme il y a quantités d'élémis nous donnons ci-dessous les caractères de solubilité que nous avons constatés sur l'élémi de Manille, qui est la variété commerciale qu'on emploie le plus. Ces caractères s'appliquent à la gomme thus.

1° *Essence de térébenthine*. — La dissolution est complète et facile à chaud.

2° *Alcool* — L'alcool à 95° donne également une dissolution complète.

3° *Alcool amylique*. — La dissolution est complète et s'obtient facilement et rapidement à chaud.

4° *Chloroforme*. — Dissolution facile et complète.

5° *Benzine*. — Donne aussi une dissolution complète.

6° *Ether*. — Dissolution complète et facile.

7° *Acétone*. — A froid, on obtient une émulsion blanche ; par l'action prolongée de la chaleur, la dissolution devient complète ; par refroidissement, une faible partie se dépose.

Le lecteur peut se rendre compte qu'il n'était pas inutile, en présence des divergences des auteurs, d'examiner expérimentalement la question de la solubilité des différentes gommes. Il arrive même qu'un auteur n'est pas toujours d'accord avec lui-même. C'est ainsi que l'on peut lire dans le manuel Roret, page 86 « la sandaraque est *incomplètement* soluble dans l'essence de térébenthine... » et, page 87 « la sandaraque est *complètement* soluble dans l'essence de térébenthine ».

Nous n'examinerons pas aussi à fond la solubilité

	Essence de térébenthine	Alcool éthylique	Alcool amylique	Chloroforme	Benzine	Ether	Acétone
Dammar...	Soluble	Incomplètement soluble	Très peu soluble à chaud, à froid précipité blanc terne	Soluble	Soluble à chaud, très léger, trouble à froid	Incomplètement soluble	Insoluble
Sandaraque	Très peu soluble	Soluble	Soluble	Très peu soluble	Très peu soluble	Soluble	Soluble
Mastic.....	Soluble	Incomplètement soluble	Soluble	Soluble	Soluble	Soluble	Insoluble
Elémis.....	Solubles	Solubles	Solubles	Solubles	Solubles	Solubles	Solubles à chaud ; à froid faible dépôt

des autres gommes dont nous avons parlé, car elles ont un intérêt bien moindre.

Nous résumons dans le tableau ci-dessus les caractères de solubilité que nous avons constatés ; il permettra de se créer une marche facile pour caractériser nettement une des quatre gommes dont nous venons de parler, et de décéler au besoin leur présence dans un mélange.

Ajoutons, pour nos développements ultérieurs, que la gomme laque en écailles est complètement insoluble dans l'essence de térébenthine ; le sticklack colore l'essence en jaune ; la gomme-gutte, insoluble dans l'essence de térébenthine, colore celle-ci en jaune très pâle ; le sang-dragon donne à l'essence de térébenthine une coloration rouge intense.

Densités. — Les densités données sont assez variables ; nous les indiquons ci-dessous, d'après différents auteurs, en même temps que les nombres que nous avons trouvés à l'aide de la balance de Mohr.

	Densités	
	D'après divers auteurs	Déterminées
Sandaraque....	1.050 à 1.092	1.073
Mastic........	1.040 à 1.070	1.057
Elémis........	1.018 à 1.083	1.021
Dammar......	1.040 à 1.123	1.050

Il est évident que la densité varie avec le type sur lequel elle est prise ; mais les écarts indiqués, surtout pour la gomme dammar, nous paraissent exagérés.

Ainsi, pour la gomme dammar, nous avons déterminé la densité sur les plus gros et les plus petits morceaux d'un même lot, et nous avons trouvé :

Dammar grosse.... 1.050
» petite.... 1.031

Constantes. — Comme pour les gommes employées dans la fabrication des vernis gras, nous n'avons déterminé que le chiffre de l'acide et l'indice de Köttsttorfer.

1° *Chiffre de l'acide*. — Nous réunissons dans deux colonnes les nombres que nous avons trouvés et ceux donnés par M. Halphen, dans son ouvrage *La pratique des essais commerciaux*.

	D'après M. Halphen	Déterminés
Sandaraque.........	140,1	139,7
Mastic.............	64,1	63,1
Dammar............	31,8	35,5
Elémis	22,2	26,2
Thus..............	»	22,4

On voit que le chiffre d'acide de la gomme thus est sensiblement le même que celui de l'élémi, car ces gommes contenant toujours quelques impuretés le chiffre obtenu varie avec la prise d'échantillon.

2° *Indice de Köttsttorfer*.

	D'après M. Halphen	Déterminés
Sandaraque.........	172,2	154,3
Mastic	93	70,1
Dammar............	46,8	39,2
Elémis............	24,5	56 (1)

(1) Ces chiffres peuvent varier beaucoup avec la proportion d'essence contenue dans l'échantillon analysé.

Points de fusion. — Nous les avons déterminés
à l'aide du bloc de Maquenne.

	Déterminés	D'après divers auteurs
Sandaraque.......	145°	145 à 200°
Mastic...........	95°	103 à 108°
Dammar.........	100°	75 à 150°

La Sandaraque se ramollit vers 110° et le dammar
vers 75°. Comme on le voit, ces gommes ont des points
de fusion très sensiblement inférieurs à ceux des
gommes dures employées dans la fabrication des
vernis gras.

LES DISSOLVANTS

A côté de l'essence de térébenthine, qui est le principal dissolvant, et à laquelle nous avons consacré un
chapitre spécial, on utilise différentes autres essences et un produit solide, le camphre, qui joue ici le
rôle de véritable dissolvant. Les essences employées
sont celles de lavande, de romarin, d'aspic, de cajeput, de camphre ; l'essence de lavande et celle de
romarin ajoutent à leurs propriétés dissolvantes
celle de parfumer agréablement les vernis.

Essence de lavande. — L'essence de lavande
est extraite d'une plante de la famille des labiées
(*Lavanda vera*), que l'on rencontre en abondance dans
le midi de la France.

A côté de carbures isomères, en $C^{10}H^{16}$. se rencontre un alcool $C^{10}H^{18}O$, identique avec le linalol qui est un isomère du bornéol. On donne au linalol la formule de constitution suivante :

$$CH^3 - \underset{\underset{CH^3}{|}}{C} = CH - CH^2 - CH^2 - \underset{\underset{CH^3}{|}}{COH} - CH = CH^2$$

Les différents éthers qui donnent l'odeur entrent dans la constitution de l'essence pour 35 pour 100 environ. On connait trois variétés principales de lavande :

1° la lavande des Alpes ;
2° la lavande Mitcham ;
3° la lavande d'Espagne.

L'essence de lavande est un liquide d'odeur agréable, dont la densité varie selon les différents auteurs entre 0,876 et 0,895 ; elle est levogyre et bout entre 185 et 205. D'après MM. Bertrand et Walbaum, cette essence distille entre 185 et 230.

Elle donne par épaississement au contact de l'air une essence grasse, absolument comme l'essence de térébenthine. Ajouté à cette dernière, le mélange constitue un meilleur dissolvant de certains copals.

Essence de romarin. — Elle appartient au groupe du camphre. On l'extrait du *Romarinus officinalis* que l'on rencontre en Italie et dans le midi de la France. L'essence contient du borneol (camphre du Japon), du cinéol, du camphène, du camphre et du térébenthène. Elle est incolore, d'odeur forte et pénétrante. Sa densité varie, selon les auteurs entre 0,885 et 0.920. Elle bout entre 150 et 260 degrés.

Essence d'aspic. — La plante qui fournit cette essence ressemble beaucoup à la lavande ; on la désigne même sous le nom de grande lavande ou lavande mâle. Elle contient 2 à 3 pour 100 d'éthers du linalol, un alcool analogue au linalol gauche, du térébenthène et du camphre. La densité varie de 0,905 à 0,920 elle bout entre 175 et 205 degrés.

Essence de cajeput. — Cette essence s'obtient en distillant avec de l'eau les feuilles de plantes des Indes. Liquide mobile, verdâtre, distillant entre 175 et 250°. Ses propriétés dissolvantes sur différents copals sont très marquées. Elle renferme un térébenthène droit ; mais on y rencontre aussi du terpinéol libre ou combiné à l'acide valérianique, du limonène gauche et 2/3 environ de cinéol.

Le limonène est un carbure répondant à la formule de structure suivante :

$$
\begin{array}{c}
CH^3 \\
| \\
C \\
\diagup\ \diagdown \\
CH \qquad CH^2 \\
| \qquad\quad | \\
CH^2 \qquad CH^2 \\
\diagdown\ \diagup \\
CH \\
| \\
CH^3 - C = CH^2
\end{array}
$$

et connu sous trois formes : un carbure droit, un carbure gauche et un carbure inactif.

La densité de l'essence de cajeput varie entre 0.892 et 0,925.

Essence de camphre. — L'essence de camphre est obtenue par distillation, en présence d'eau, du bois de l'arbre à camphre. On connaît une essence légère (175° environ) et une essence lourde d'un brun verdâtre : l'essence légère a une densité comprise entre 0,895 et 0,920 et l'essence lourde une densité comprise entre 0,960 et 1.100. Dans l'essence de camphre, on rencontre surtout du cinéol, du terpinéol et un térébenthène.

Camphre. — Le camphre se retire de différents végétaux où il se trouve tout formé. On l'extrait, par distillation à l'eau des bois débités en petits morceaux. Le produit brut ainsi obtenu est raffiné. Sa formule chimique dérive directement de celle des camphènes par addition d'oxygène : $C^{10}H^{16}O$. Il a une odeur spéciale et caractéristique ; il fond à 175° et bout à 204° ; sa densité est égale à 0,992. Il est soluble dans quantité de dissolvants, alcools, sulfure de carbone, huiles, acétone, etc.

Parmi ces divers dissolvants, autres que l'essence de térébenthine, certains présentent un réel intérêt au point de vue de leur action très marquée sur diverses gommes. Nous aurons occasion de le voir en étudiant les différents vernis ; mais, ce qui limite considérablement l'usage qu'on pourrait en faire, c'est le prix relativement élevé auquel on se les procure. C'est ainsi que l'essence d'aspic, la plus économique de toutes, vaut déjà 10 fois le prix normal de l'essence de térébenthine. Néanmoins, les précieuses propriétés dissolvantes de cette essence doivent fixer l'attention du fabricant.

CHAPITRE II

FABRICATION DES VERNIS
A L'ESSENCE

La fabrication des vernis à l'essence est beaucoup plus simple que celle des vernis gras; on le comprend aisément en songeant que, d'une part, on n'a plus ni cuisson, ni introduction d'huile, et que, d'autre part, beaucoup des gommes employées sont ou directement solubles dans l'essence, ou entrent en dissolution par la simple action de la chaleur, sans qu'il y ait nécessité d'opérer une fusion ignée préalable.

Dans ce cas, la fabrication, se résumant à une simple dissolution, peut se faire à froid ou à chaud. Quand on opère à chaud et à feu nu, on peut utiliser des matras comme ceux dont nous avons parlé à propos de la fabrication des vernis gras, ou employer le bain-marie ou le bain de sable. Dans ce dernier cas, on fait usage de dispositifs dont nous parlerons à propos des vernis à l'alcool.

Quand on veut utiliser des gommes insolubles ou incomplètement solubles dans l'essence, il est nécessaire de faire subir à ces gommes l'opération préalable de la fusion ; nous ne reviendrons point sur cette question complètement traitée à propos des vernis gras.

Pour remédier à l'inconvénient inhérent à la fusion (coloration du vernis) on a proposé, il y a fort longtemps déjà (1), de faire la dissolution du copal à froid, en opérant sur un produit pulvérisé et en remplaçant l'essence de térébenthine par l'essence d'aspic.

Ceci nous fournit l'occasion de constater une fois de plus combien les auteurs se soucient peu d'indiquer la nature du copal sur lequel ont porté leurs expériences (2). Il en résulte qu'ils annoncent des conclusions qui, justes pour certaines variétés de copal, sont tout à fait fausses pour d'autres.

Nous avons repris l'étude du procédé Demoussy et donnons ci-dessous les résultats de nos expériences.

Nous avons pris un copal très dur et un copal très tendre :

1° En broyant 5 grammes de gomme Madagascar avec 14 grammes d'essence d'aspic. on obtient une pâte molle que l'on met en émulsion avec 16 grammes d'essence d'aspic. En agitant de temps à autre, au bout de deux jours, on ne constate aucun changement ; en ajoutant 5 grammes d'essence d'aspic, puis, deux jours après, 10 grammes, la gomme reste toujours en émulsion. En laissant reposer, au bout de quelques jours, il surnage un liquide peu coloré au-dessus d'un abondant dépôt de gomme.

2° En broyant 5 grammes de gomme manille demi-dure avec 9 grammes d'essence d'aspic, on

(1) Procédé A. Demoussy.
(2) Et cela malgré qu'ils le réclament pour les autres.

obtient une pâte molle mise en émulsion à l'aide de
13 grammes d'essence d'aspic. En agitant, on constate, après deux jours, une dissolution presque complète ; après trois jours la dissolution est absolument
complète

3° En broyant 5 grammes de la même manille
demi-dure avec 9 grammes d'essence de térébenthine, puis en ajoutant à la pâte 11 grammes d'essence de térébenthine, on constate, après deux jours,
que la plus grande partie de la gomme est au fond
du vase ; après quatre jours, il y en a une plus
grande quantité en dissolution, mais la majeure
partie est toujours en suspension ; enfin, après huit
à dix jours, on peut considérer la dissolution comme
complète.

Donc, en résumé, le procédé Demoussy ne permet
nullement de dissoudre à froid les copals durs. Il
permet simplement d'obtenir, avec certains copals
demi-durs, une dissolution beaucoup plus rapide
qu'avec l'essence de térébenthine d'une part, et,
d'autre part, il permet peut-être aussi de dissoudre à froid certains copals tendres que l'essence de
térébenthine est impuissante à dissoudre dans les
mêmes conditions.

Il est regrettable que les ouvrages publiant ce procédé donnent la formule sous cette forme (1) :

> Copal *pur*. . . . . . .   1 partie
> Essence d'aspic. .   1 » (2)

---

(1) Manuel Roret. *Fabrication des vernis,* page 267.
(2) Quant aux proportions nous venons de voir le cas qu'il
faut en faire.

Le mot *pur* ne signifie rien en la circonstance (1).

Les vernis à l'essence se conservent comme les vernis gras dans des réservoirs métalliques de plus ou moins grandes dimensions. Bien qu'ils gagnent en vieillissant, il n'est pas nécessaire de les mettre en vente fort longtemps après leur fabrication ; nous avons vu, au contraire, qu'une longue conservation en réservoir était de première importance pour laisser aux vernis gras le temps d'acquérir toutes leurs propriétés.

Il existe un nombre considérable de formules pour la fabrication des vernis à l'essence : cela se comprend un peu, si l'on songe à toutes les applications que l'on pourrait faire de ces vernis ; mais on verra combien, en réalité, ces formules présentent un intérêt ou médiocre ou nul.

PROPRIÉTÉS DES VERNIS A L'ESSENCE

Nous savons déjà, de par la différence de constitution, la différence de propriétés existant entre les deux classes de vernis que nous avons étudiées.

Si nous prenons deux vernis préparés avec la même gomme, dure, demi-dure ou tendre, mais travaillée de façon à donner un vernis gras et un vernis à l'essence, nous constaterons de suite que le vernis à l'essence est moins coloré que le vernis gras ; si

(1) A moins que, par suite d'une faute d'impression le mot *pur* remplace le mot *dur*. Même dans ce cas on ne serait pas encore fixé exactement sur la variété du copal employé.

nous étendons au pinceau ces deux vernis. le vernis gras séchera plus lentement que le vernis à l'essence, mais il donnera une surface brillante beaucoup plus solide.

Remarquons pourtant que l'on peut arriver à fabriquer un vernis gras séchant aussi vite, car nous avons vu dans quelles proportions énormes on pouvait réduire le temps nécessaire à un vernis gras pour devenir complètement sec. Nous savons que c'est aux dépens de la solidité, mais il est néanmoins certain que le vernis gras, même très siccatif, sera plus solide que le vernis à l'essence.

En résumé, on fabrique des vernis à l'essence parce que certains sont tout à fait blancs, ce qu'il est matériellement impossible d'obtenir avec les vernis gras ; et aussi parce que, séchant très vite et s'employant très facilement, ils trouvent dans les arts et dans l'industrie un débouché facile.

Mais il ne faut pas oublier qu'ils sont inemployables pour les travaux de vernissage où l'on exige, à côté d'un beau brillant, une grande solidité. Et, en effet, le vernis à l'essence fabriqué avec la gomme utilisable la plus dure, ne vaut pas, au point de vue durée, un vernis gras fabriqué avec une gomme tendre, de la manille, par exemple.

CHAPITRE III

DES DIFFÉRENTS VERNIS A L'ESSENCE

La carrosserie ne se sert aucunement des vernis à l'essence ; le peintre en bâtiment en utilise pour les travaux d'intérieur.

Vernis cristal. — Le vernis cristal est constitué par une simple dissolution de gomme dammar dans l'essence de térébenthine. Cette dissolution se fait à chaud, sans fusion préalable de la gomme qui est complètement soluble dans l'essence. Il ne serait pas possible d'obtenir des vernis blancs si l'on opérait, comme le disent certains auteurs (1), en fondant d'abord la gomme dammar, puis en ajoutant l'essence. Il faut dissoudre la gomme dammar dans une partie de l'essence à employer, chauffer jusqu'à ébullition, maintenir celle-ci suffisamment pour que l'eau contenue dans la gomme dammar soit complètement chassée, retirer alors le matras du feu, et terminer l'adjonction d'essence. De cette façon, on obtient un vernis parfaitement nif, mais moins blanc que celui que l'on obtient en diminuant le temps

(1) Encyclopédie Roret. *Fabrication des vernis,* page 268.

d'ébullition : il est vrai que, dans ce dernier cas, le vernis obtenu est légèrement laiteux ; mais, comme cela ne lui retire aucune de ses qualités, il reste l'avantage d'obtenir un produit plus blanc, ce qui est fort appréciable pour ce genre de vernis surtout.

En Angleterre, quelques fabricants opèrent à froid ; ils font la dissolution de dammar dans l'essence, en mélangeant ces deux substances dans un grand cylindre en bois auquel on donne un mouvement de rotation peu rapide.

D'une façon générale, ce procédé donne des vernis qui ont le défaut d'être poisseux ; d'après Miller, il faudrait attribuer ce fait, très connu des peintres, à ce que la gomme dammar n'est pas complètement soluble dans l'essence. Cette observation de Miller nous paraît absolument juste, car nous avons fait également l'observation suivante : en laissant dans des tubes en verre des vernis cristal de différents fabricants, vernis nifs ou non, nous avons constaté qu'après plusieurs mois, il y avait, au fond du tube, un dépôt blanc et mou qui n'était certainement qu'une partie de la gomme dammar ayant quitté la dissolution. Il est certain que, comme on l'a fait remarquer, une dissolution dans la benzine est plus parfaite, mais le vernis ainsi obtenu est moins solide et a une odeur désagréable.

Il arrive souvent qu'un vernis cristal parfaitement nif après fabrication, devient opalin en réservoir. Pour obtenir un vernis clair et transparent, on a proposé d'ajouter, en remuant bien, 7,5 pour 100 d'alcool absolu ; mais il est impossible de songer à utiliser industriellement un procédé aussi coûteux, même en admettant qu'il soit parfait.

D'une façon générale, les auteurs donnent comme proportions 46 à 50 de gomme pour 54 à 50 d'essence.

On obtient un très bon vernis, bien fluide, mais garnissant très bien, en employant 42 de gomme pour 58 d'essence.

D'ailleurs, nous avons eu occasion de le dire déjà, la gomme dammar est classée en cinq qualités, depuis les gros morceaux jusqu'à la pousse, et il faut faire varier les proportions selon la qualité de gomme employée. C'est d'ailleurs en faisant usage de ces différentes qualités, que l'on obtient des vernis cristal plus ou moins blancs et dénommés commercialement *cristal supérieur*, *cristal*, etc.

Vernis copal. — Le vernis dénommé *copal* ne contient pas, comme il serait logique de le croire, une gomme copal. C'est un vernis à la gomme dammar ou à la colophane, selon le prix auquel il est vendu.

Les belles qualités de vernis copal sont préparées à la gomme dammar pure : ce sont en somme des vernis cristal qui, au lieu d'être d'un beau blanc, sont d'une couleur ambrée. En ajoutant des proportions plus ou moins grandes de colophane claire, on obtient des vernis copal à prix de revient de plus en plus bas au fur et à mesure que la proportion de colophane augmente. On arrive même, avec la colophane verre à vitre, à faire du vernis copal ne contenant pas du tout de gomme.

Au point de vue de la fabrication il ne faut pas oublier que plus on augmente la quantité de colophane, plus on doit diminuer la proportion d'essence ; de plus, la siccativité du vernis diminue également avec l'augmentation de la teneur en colophane. On y remédie très facilement d'ailleurs par l'adjonction de siccatifs appropriés.

Le vernis copal est souvent employé, notamment dans la fabrication des couronnes, pour détremper les teintes blanches. Si l'on emploie de la céruse, les vernis copal à la gomme dammar pure pourront seuls être employés, car nous savons l'action qu'exerce un vernis contenant de la colophane sur une teinte à base de plomb. Au contraire, avec le blanc de zinc, un copal fabriqué uniquement à la colophane permettra de préparer une teinte fluide, ne devenant pas solide au bout de quelques heures.

Pour les vernis cristal ou copal ordinaires, on emploie parfois des élémis.

Vernis blanc mat. — Le vernis blanc mat permet d'obtenir, par application au pinceau, une surface mate, ayant le même aspect qu'une surface cirée. On obtient ce résultat en incorporant de la cire dans un vernis cristal.

On recommande, pour avoir un beau vernis, d'employer de la cire vierge, préalablement traitée dans l'eau chaude par un lait de chaux, puis lavée à fond et séchée lentement.

Voici comment on opèrera : On fera un vernis cristal un peu léger, par exemple avec 16 kgs de gomme pour 24 litres d'essence ; d'autre part, on mettra à dissoudre une quantité plus ou moins forte de cire dans le double de son poids d'essence, puis on mélangera les deux solutions à chaud. Il n'est pas nécessaire d'employer une grande proportion de cire ; il suffit de 1.5 à 2 pour 100 ; pourtant, certains fabricants prétendent en employer jusqu'à 12 pour 100.

Les vernis blancs mats sont très fluides ; ils s'emploient très facilement et donnent, quand ils sont bien préparés, de très jolis effets de mat. Sur le même principe, mais en employant un vernis copal, on fabrique également des *vernis blonds mats*.

Vernis pour tableaux. — Les meilleurs vernis pour tableaux (peinture à l'huile) sont fabriqués avec le mastic, qui se dissout facilement dans l'essence en donnant un vernis incolore et brillant. Tingry a donné la formule suivante pour ce vernis :

Mastic en larmes	24
Térébenthine de Venise	3
Camphre	1
Essence de térébenthine	72

M. Livache indique les proportions ci-dessous :

Mastic	24 parties
Essence de térébenthine	36 »

La quantité d'essence indiquée est trop faible ; on obtiendrait avec ces proportions un vernis inemployable. Les proportions données par Tingry sont bonnes, mais il n'est pas nécessaire d'ajouter du camphre, la dissolution se faisant parfaitement sans cette adjonction. M. Livache indique également le procédé suivant : « on a conseillé d'employer comme dissolvant l'acétone, car le mastic est très soluble à froid dans ce liquide ». Nous savons, au contraire. que l'inso-luble est très notable. Il ne faut donc pas songer à employer ce dissolvant.

Le prix de revient des vernis pour tableaux uni-quement fabriqués au mastic étant très élevé, on a proposé des vernis pour tableaux dans lesquels il n'entre pas de mastic. Voici, par exemple, une formule que nous avons appliquée et qui donne un vernis de bonne qualité courante :

1° Dammar.	15	kos
Essence de térébenthine.	15	»
2° Baume du Canada.	10	»
Essence de térébenthine.	15	»

On prépare les deux dissolutions à part et on verse la seconde dans la première, à chaud ; il ne reste plus qu'à filtrer. On peut faire cette opération facilement, à l'aide d'une petite cuve en bois à double fond garni de ouate. On place sur la partie supérieure une passoire sur laquelle on verse le vernis chaud ; on le recueille dans un vase après filtration à travers la couche de ouate.

Vernis d'or. — On attache à ces vernis une im-portance qu'il n'ont plus depuis que les vernis **gras** ont permis d'obtenir très facilement, par l'action de la chaleur. les tons dorés. depuis le doré très clair jus-qu'au doré très foncé.

La formule de Tingry, que MM. Naudin et Halphen, ainsi que le Manuel Roret reproduisent, en indiquant la solution comme se faisant au bain-marie, est la suivante :

Laque en grain.........   125 gr.
Sandaraque...........   125 »
Sang-dragon'..........   15 »
Curcuma........ ·....   2 »
Gomme-gutte..........   2 »
Térébenthine de Venise.   65 »
Verre pilé...........   190 »
Essence ....   1 kgr

On peut s'étonner, en lisant une semblable formule, qu'elle ait été reproduite si consciencieusement par presque tous les auteurs sans une remarque.

En effet, parmi les produits indiqués, la térében-thine de Venise seule est complètement soluble dans l'essence ; nous savons que la sandaraque est très incomplètement soluble, que la laque en grains donnera une très faible coloration sans se dissoudre, et que les autres gommes n'agissent que comme colorants. Aussi, en employant cette formule, on obtient un liquide mobile, coloré, à peine chargé de gommes et ne constituant pas un vernis. Nous avons obtenu un vernis très coloré et suffisamment épais à l'aide des proportions suivantes :

Sandaraque...........   125 gr.
Sang-dragon...........   15 »
Curcuma.............   2 »
Gomme-gutte ....   2 »
Essence de térébenthine.   375 »
Essence d'aspic.........   375 »

L'adjonction d'essence d'aspic permet la dissolution complète de la sandaraque.

Pourtant, même préparé ainsi, ce vernis coloré

laisse sur le métal blanc une coloration peu sensible ; il serait nécessaire d'augmenter de beaucoup la proportion des matières colorantes.

Nous avons vu, en parlant des vernis gras, que certains de ceux-ci permettaient d'obtenir facilement le doré foncé ou le doré clair en variant la température à laquelle on séche le vernis. De plus, les vernis gras dorés sont obtenus à très bas prix. Dans les formules des vernis dorés communs à l'essence, on indique comme substance colorante l'aloès.

Vernis pour relieurs. — Ces vernis sont, d'après les différents auteurs, préparés avec le pyrocopal ; mais aucun d'eux n'indique *quel* pyrocopal il faut employer. On les parfume à l'essence de romarin ou à l'essence de lavande. Les formules indiquées ci-dessous sont prises dans les ouvrages des auteurs cités.

	Roret	Naudin	Halphen	Livache
Copal fondu.....	58	58	58	16
Esssence de lavande	7	7	7	19
Essence de térébenthine.........	35	35	35	65
	100	100	100	100

La formule donnée par les 3 premiers auteurs, essentiellement différente de la dernière, est une formule fournie par Freundenwoll. On voit de suite que la proportion de dissolvant est beaucoup trop faible.

La formule donnée par M. Livache permet de préparer un vernis, mais à la condition expresse de n'employer que certains pyrocopals. En effet, si l'on opère avec la gomme madagascar dure fondue, la dissolution sera tout à fait imparfaite.

Nous avons essayé d'obtenir cette dissolution, soit dans un appareil muni d'un réfrigérant à reflux, soit, comme l'indiquent certains auteurs, en pulvérisant le pyrocopal et en l'ajoutant peu à peu dans le mélange chaud des dissolvants : il y a une partie insoluble dès la première adjonction, et elle va en augmentant à chaque addition de pyrocopal.

Avec un pyrocopal obtenu en fondant un copal congo, nous avons obtenu très facilement une dissolution parfaite, très peu colorée.

C'est un nouvel exemple de l'importance qu'il faut attacher à désigner très exactement le copal employé. Le vernis obtenu sèche très rapidement et est très brillant.

Vernis pour instruments de physique. — Les proportions indiquées pour ce vernis sont les suivantes :

1º D'après le manuel Roret :

Pyrocopal......................	11
Essence de lavande..........	22
Essence de térébenthine.....	67

Nous ferons les mêmes observations que pour le précédent vernis, et nous ajouterons que les quantités de dissolvants indiquées donnent un vernis un peu trop fluide, bien que l'on exige pour les instruments de physique des vernis très légers.

2º D'après M. Naudin :

Pyrocopal.................. 51
Baume de copahu........... 12
Essence de térébenthine...... 37

Les proportions ci-dessus indiquent une quantité de dissolvant bien trop faible, surtout si l'on considère que le baume de copahu demande pour lui-même une certaine quantité de dissolvant.

Dans les formules de vernis pour relieurs, et dans celles de vernis pour instruments de physique, on emploie l'essence de lavande ou l'essence de romarin, selon le parfum que l'on désire donner aux vernis.

Vernis communs. — On peut préparer toute une série de vernis communs à l'essence, en dissolvant les différentes qualités de colophane ou le galipot dans l'essence de térébenthine. Ces différents vernis ne sont donc que des térébenthines très fluides.

Les proportions entre le dissolvant et les colophanes ou galipot sont extrêmement variables, car on fabrique des vernis très fluides ou très corsés.

Ces vernis très communs sont généralement connus sous le nom de *vernis de Hollande* ; le nom de *vernis de Hollande* a pris néanmoins plus d'extension; certains fabricants désignent sous cette dénomination des vernis gras très siccatifs, dans lesquels la colophane remplace complètement les gommes les plus tendres.

Voici différentes formules de ces vernis communs :

	D'après Naudin	D'après le manuel Roret
Galipot...........	33,40	31,70 à 44,40
Essence de tébében- thine..............	66,60	68.30 à 55,60

Tingry a donné une formule où il emploie un mélange de galipot et de colophane.

En faisant dissoudre la colophane dans l'essence de térérenthine, à poids égaux, on obtient un vernis très corsé, dit *Hollande épais*, vernis employé par les fabricants de brosses.

A propos de ces vernis communs nous ferons encore une remarque. Le vernis dont nous donnons plus haut la formule sous la désignation, d'après M. Naudin, est donné par cet auteur comme « vernis pour détremper les couleurs » ; nous avons déjà dit le résultat qu'on obtiendrait en détrempant avec ce vernis toutes les couleurs à base de plomb. En considérant comme vernis à détremper les couleurs une semblable solution, il est arrivé plus d'un mécompte à quelques fabricants.

En résumé, cette industrie des vernis à l'essence est beaucoup moins importante que ne l'ont écrit la plupart des auteurs. Et, en réfléchissant bien, cela est très facile à comprendre. En effet, le principal avantage des vernis à l'essence était, au début, une dessiccation obtenue dans un temps moindre que celui exigé par les vernis gras. Mais les progrès accomplis ont permis de fabriquer des vernis gras *plus siccatifs* que les vernis à l'essence. De sorte que, si l'on excepte quelques vernis tout à fait spéciaux sur lesquels nous nous sommes étendu plus longuement (cristal, blanc mat, vernis pour tableaux, etc.), on peut dire que les vernis à l'essence ont fort peu d'applications.

Signalons encore, en terminant, une formule d'un vernis à l'essence, proposé comme vernis sous-marin (1).

Résine. . . . .   2 kil.
Galipot. . . . .   2 »
Essence de térébenthine. .   40 »

Ajouter après dissolution :

Sulfure de cuivre. . . . . . .   18 kil.
Régule d'antimoine . . . . .   2 »

Nous avons dit, à propos des vernis sous-marins, les qualités que l'on était en droit d'en exiger : **on** peut voir combien la formule ci-dessus donnerait un vernis remplissant peu le but.

ANALYSE ET ESSAIS DES VERNIS
A L'ESSENCE

L'analyse d'un vernis à l'essence comporte la détermination de la quantité d'essence, de la quantité et de la nature des gommes.

L'essence se dose par le procédé que nous avons indiqué en parlant des vernis gras. Ce que nous

1. Guibert, *Bulletin de la Société chimique,* 1865, IV, p. 158.

avons dit à propos des gommes peut se répéter ici, bien que la modification soit moins profonde.

Voici, par exemple, les résultats que nous avons obtenus avec un vernis cristal.

Essence par différence.......... 54,20
Résidu sec (gomme) ....·.. 45,80

Le résidu sec épuisé par l'alcool amylique est entièrement soluble, ce qui indique l'absence d'huile végétale.

Nous savons que le vernis cristal est préparé à la gomme dammar. Les déterminations faites sur le résidu donnent des chiffres très différents à côté de ceux obtenus sur la gomme pure :

	Dammar	Résidu sec
Chiffre de l'acide........	35,5	44,4
Indice de Kottslorfer....	39,2 .	89,7

Quant aux essais pratiques, ils doivent être faits dans les mêmes conditions que celles déterminées à propos des vernis gras. Les vernis cristal et copal seront essayés ensemble, sur des teintes blanches, pour se rendre compte de l'influence qu'ils exercent sur la nuance.

TROISIÈME PARTIE

INDUSTRIE DES VERNIS A L'ALCOOL

GÉNÉRALITÉS

Cette classe de vernis occupe dans l'industrie une place importante. en raison du nombre considérable des industries qui utilisent les vernis à l'alcool.

L'alcool éthylique constitue le principal des dissolvants ; mais, à côté de lui, se place toute une série de dissolvants : alcool amylique, éther sulfurique, acétone, acétate d'amyle, chloroforme, benzine, alcool méthylique, que l'on emploie seuls ou en mélange avec l'alcool éthylique.

Les vernis à l'alcool sont donc de simples dissolutions de résines dans un dissolvant volatil ; et, ce qui caractérise nettement cette classe de vernis, c'est que, contrairement aux vernis des deux classes que nous avons déjà étudiées, le dissolvant disparaît *complètement* pendant l'évaporation. La couche brillante est donc uniquement constituée par un dépôt de résine. On comprend de suite le peu de solidité et de souplesse qui résulte de ce fait. En revanche, les vernis à l'alcool sont de beaucoup les plus siccatifs, et la couche qu'ils donnent est extrêmement brillante puisqu'elle est uniquement constituée par de la résine.

Beaucoup de résines, notamment celles que nous avons étudiées en parlant des vernis à l'essence, sont, soit entièrement solubles, soit solubles en grande partie dans l'alcool éthylique ou dans les dissolvants que nous venons de citer. Comme, de plus, la dissolution peut presque toujours être obtenue à froid, il s'ensuit que l'on fabrique aisément des vernis incolores ou à peine colorés.

Toutes les industries qui utilisent le bois, le cuir, le papier, en particulier l'ébénisterie et la reliure, consomment beaucoup de vernis à l'alcool.

CHAPITRE PREMIER

MATIÈRES PREMIÈRES

Les gommes, les colorants et les dissolvants constituent les matières premières des vernis à l'alcool.

Gommes

Si l'on trouve dans quelques formules du succin et
des variétés de copals, on rencontre plus fréquemment encore la sandaraque et le mastic dont nous
avons eu occasion de parler à propos des vernis à
l'essence. A côté de toutes ces gommes, le fabricant
de vernis à l'alcool emploie quelques produits spéciaux que nous n'avons pas encore décrits.

Accroïdes. — Les gommes accroïdes servent à
préparer des vernis qui ne sont pas livrés au commerce, mais quient rent dans la composition de beaucoup de vernis courants.

Les accroïdes sont des gommes qui nous viennent
d'Australie ; on en connaît deux variétés :

1° L'accroïde jaune ;

2° » rouge.

L'accroïde jaune se présente sous l'aspect de morceaux plus ou moins volumineux, avec nombre de

cavernes ; leur couleur est d'un jaune foncé sale. La solution dans l'alcool paraît incomplète en raison de la grande quantité d'impuretés.

L'accroïde rouge est livrée en petits morceaux ou en poussière. Elle est d'un rouge brun foncé. Comme l'accroïde jaune. elle est accompagnée de beaucoup d'impuretés.

Les accroïdes constituent des matières premières à très bas prix.

Benjoin. — C'est un baume produit par un arbre que l'on rencontre surtout dans le royaume de Siam. Il fond au-dessous de 100° et sa densité est comprise entre 1.063 et 1.092.

Entièrement soluble dans l'alcool, il lui communique un parfum agréable : c'est pour cette raison que l'on trouve du benjoin dans certaines formules de vernis à l'alcool.

On connaît deux sortes commerciales : le *benjoin de Siam* et le *benjoin de Sumatra*.

Liquidambar. — Baume liquide d'un arbre du Mexique et de la Louisiane, laissant déposer un produit mou et blanc, parfumé et soluble dans l'alcool, appelé *liquidambar mou* ou *blanc*.

Gomme laque. — La gomme laque, nom impropre puisque c'est une véritable résine, se trouve sur plusieurs arbres des Indes orientales. Elle est produite par la femelle d'un insecte (*coccus lacca*) ; ces insectes se réunissent en quantité sur les branches des arbres et finissent par se souder entre eux à l'aide de la résine qu'ils produisent. Les principales variétés commerciales sont les suivantes :

. 1° *La laque en bâtons* ou *sticklack*, produit brut, tel

qu'on le détache des rameaux ; on y trouve du bois et des débris végétaux. Elle est rougeâtre, à cassure brillante.

2° *La laque en grains,* dite encore *laque en sorte ;* ce sont les fragments qui se sont détachés de l'arbre et que l'on a recueillis sur le sol.

3° *La laque en écailles,* obtenue par traitement des deux variétés précédentes. Le traitement comporte d'abord une fusion pour séparer la cire, puis une ébullition à l'eau alcaline, suivie d'une filtration sur un linge. On recueille sur des pierres plates. En insistant plus ou moins sur le traitement alcalin, on fait disparaître une plus ou moins grande quantité de matière colorante, d'où production de laque *brune,* *rouge* ou *blonde.*

Hattchett a donné la composition des trois variétés de gomme laque citées plus haut :

	Sticklack	Laque en sorte	Laque en écailles
Résines	68	88.5	90.9
Matière colorante.	10	2.5	0.5
Cire	6	4.5	4
Gluten	5.5	2	2.8
Corps étrangers .	6.5	0	0
Pertes	4	2.5	1.8
	100	100	100

Quand on veut de la gomme-laque absolument exempte de cire, ce qui est parfois indispensable, on la traite par une solution à 2,5 pour 100 de carbonate de soude. Il faut chauffer 10 kgs de gomme laque avec 100 litres de cette solution. La gomme laque se dissout très facilement, la cire surnage et on la recueille aisément après refroidissement.

On précipite la résine de sa solution par saturation à l'aide d'un acide étendu.

Pour obtenir de la gomme laque blanche, on a indiqué plusieurs procédés basés sur l'emploi du chlore ou du chlorure de chaux. Ainsi, ayant la solution alcaline débarrassée de cire, on peut y précipiter la résine, soit par le chlore, soit par l'acide sulfureux et obtenir à la fois précipitation et décoloration.

Tous ces procédés altèrent plus ou moins la résine et Elsner, qui a prétendu que la gomme laque blanchie par ces procédés donnait des vernis attaquant les métaux, a proposé de blanchir la gomme laque à l'aide du noir animal, en opérant à la lumière sur la solution alcoolique de gomme-laque. En filtrant, puis évaporant l'alcool, on obtient un produit remarquablement blanc mais d'un prix de revient trop élevé.

Les colorants

Les vernis à l'alcool se prêtent merveilleusement à la fabrication des vernis colorés, en raison de la solubilité dans l'alcool d'un très grand nombre de matières colorantes artificielles ou naturelles. Les premières permettent d'obtenir la gamme de toutes les nuances. Voici la liste des matières colorantes naturelles les plus employées :

Sang dragon

Gomme gutte

Laque en grains

produits dont nous avons déjà parlé,

Bois de santal
Curcuma
Rocou
Safran
Indigo

Bois de santal. — Le bois de santal est un bois rouge, dur. livré en copeaux ou en poudre. La matière colorante, appelée santaline. est soluble dans l'alcool et l'éther. Le bois de santal contient environ 17 pour 100 de santaline. La solution alcoolique est d'un rouge très foncé.

Curcuma. — On l'appelle encore *safran des Indes*. C'est la racine de plantes de l'Inde orientale. La matière colorante jaune que contient cette racine est nommée *curcumine* $C^{20}H^{18}O^6$; prismes fondant à 175°, solubles dans l'alcool et l'éther, peu solubles dans la benzine.

La dissolution alcaline est brune (papier de curcuma).

Rocou. — Le rocou, qui se vend sous forme de pâte rouge, provient de la pulpe entourant les fruits du rocouyer (*Bixa orellana*). Les fruits sont broyés à maturité ; on tamise et filtre.

La matière colorante est la *bixine* $C^{28}H^{34}O^5$, feuillets fondant à 175°, insolubles dans l'eau, peu solubles à froid dans l'alcool et dans l'éther.

Safran. — On l'extrait de la fleur d'une plante orientale (*Crocus sativus*). Cette plante est également cultivée en Europe. La matière colorante jaune, la *saframine*, est soluble dans l'eau bouillante et dans l'alcool.

Le safran qui a été traité par l'alcool avant d'être mis en vente a une surface terne au lieu d'avoir une surface grasse.

Indigo. — Matière colorante bleue obtenue par fermentation des feuilles de l'indigotier. Pains irréguliers, d'un bleu plus ou moins foncé. La matière colorante est l'*indigotine*. $C^{16}H^{10}Az^2O^2$, à peu près insoluble dans l'eau et les alcools.

A chaud, le chloroforme en dissout une assez notable quantité. Cette indication est utile à connaître pour obtenir une bonne coloration à l'indigo dans le cas qui nous occupe.

Couleurs d'aniline. — On peut employer pour les vernis à l'alcool toutes les matières colorantes artificielles solubles dans ce véhicule. On sait qu'il y en a un grand nombre. Citons entre autres : l'éosine, la fuchsine, la chrysoïdine, l'orangé II, le vert malachite, le bleu de Lyon, le bleu de métylène, le violet de Paris.

Les dissolvants

Nous savons qu'ils sont nombreux ; nous ne donnons sur chacun d'eux, produits parfaitement définis de la chimie organique, que quelques renseignements généraux et pratiques.

Alcool éthylique. — Tout l'alcool consommé par le commerce est fabriqué par transformation des sucres, en s'adressant toujours à la fermentation alcoolique. La réaction générale est la suivante :

$$C^6H^{12}O^6 = 2Co^2 + 2C^2H^6O$$

car le plus grand nombre des sucres sont classés dans la famille des glucoses.

L'alcool éthylique est un alcool primaire $C^2H^6O = CH^3 — CH^2OH$. Liquide mobile et incolore à odeur forte et à saveur brûlante. Les caractéristiques physiques sont les suivantes :

$$D_{15} = 0.7936 \text{ à } 0.7947$$

Point d'ébullition : 78° 3 sous une pression de 760 mm. Voici les densités de quelques mélanges d'eau et d'alcool, pour des mélanges contenant au moins 50 0/0 d'alcool :

Alcool 0/0 en volume	Densités à 15°
50	0.9348
60	0.9141
70	0.8907
80	0.8645
90	0.8346
100	0.7947

Quand on opère la distillation d'un mélange contenant de l'eau et de l'alcool, dans le but de récupérer celui-ci, la lecture du thermomètre, placé dans le courant des vapeurs à condenser, indique la quantité d'alcool que contient le mélange gazeux :

Températures lues au thermomètre	Alcool 0/0 en volume dans le liquide condensé	Températures lues au thermomètre	Alcool 0/0 en volume dans le liquide condensé
98,7	13	83,7	80
97,5	28	82,5	82
96,2	36	81,2	85
95,0	42	80,0	87
93,7	50	79,4	89

92,5	55	78,7	90
91,2	61	78,2	90,5
90,0	66	77,8	91,5
88,7	68	77,5	92
87,5	71	72,2	93
86,2	76		
85,0	78		

Le fabricant de vernis à l'alcool emploie un alcool marquant de 95 à 96° B. ; pour bénéficier d'un droit de dégrèvement il n'emploie que de *l'alcool dénaturé*. La dénaturation a pour but d'éviter la fraude, en rendant impossible la vente à la consommation. Elle doit être opérée selon les indications de la circulaire du 25 juin 1893, qui prescrit comme produit devant servir à la dénaturation, l'esprit de bois marquant au moins 90° alcoométriques et renfermant 65 0/0 d'alcool méthylique, 25 0/0 d'acétone, 10 0/0 de produits divers (phénol, méthylamine, acétate de méthyle, etc.).

Voici comment sera composé un alcool dénaturé :

Alcool éthylique à 95°. . . . . 100 litres
Méthylène (esprit de bois). . . . . . 15 litres
Benzine lourde (bouillant de 150
   à 200°). 0 litre 500
Vert malachite . . . . 1 gramme

Dans les fabriques de vernis on n'exige pas la dissolution de vert malachite et l'on peut remplacer la benzine lourde par 2 kgs de résine ou de gomme résine dont le fabricant détermine la nature.

Toutes ces opérations de dénaturation doivent être faites devant les agents des contributions indirectes.

M. Cari-Mantrand a critiqué ce mode de dénaturation (1), déclarant que par l'action d'un chlorure alcalin et du chlorure de carbone, on pouvait obtenir un alcool livrable à la consommation.

Alcool méthylique. — Il occupe une place à part dans la classe des alcools : c'est le *carbinol* CH^3OH constituant la plus grande partie du *méthylène* ou *esprit de bois*. Liquide mobile et incolore, à saveur brûlante et à odeur alcoolique et empyreumatique.

$$D_{15} = 0.7984$$

Point d'ébullition : 65°,6 à 66°,2 à la pression de **764** mm. 8. Il se mêle en toute proportion à l'alcool éthylique, à l'eau et à l'éther.

La décomposition pyrogénée des bois est le procédé industriel d'obtention de cet alcool.

Il peut remplacer l'alcool éthylique dans la fabrication des vernis. Dans ce cas, il n'est guère employé que pour les vernis communs. Il donne des vernis plus volatils que ceux fabriqués avec l'alcool éthylique.

Alcool amylique. — Il existe plusieurs alcools amyliques de formule $C^5H^{11}OH$; la théorie indique qu'il peut en exister huit. En pratique, on en connaît sept : 3 alcools primaires, 3 alcools secondaires et un alcool tertiaire.

Celui qui forme la plus grande partie de l'alcool amylique de fermentation est l'alcool isoamylique primaire

$$\begin{matrix} CH^3 \\ \diagdown \\ \diagup \\ CH^3 \end{matrix} CH-CH^2-CH^2OH$$

(1) Comptes rendus à l'Académie, année 1895.

il bout à 131°6, sa densité à 0 = 0.8248 : odeur forte et caractéristique.

Nous avons eu occasion de voir que son action dissolvante sur certains copals était très marquée. Comme il bout à une température relativement élevée, il permet d'obtenir des vernis à l'alcool ne séchant pas très vite.

Acétate d'amyle. — L'acétate d'amyle a une odeur très agréable (bonbons anglais) ; liquide limpide et incolore, de densité variant selon les auteurs de 0.8762 à 0.8837 (nous avons trouvé sur un produit commercial $D_{14}=0.871$) Bout entre 125° (Cahours) et 138°5 (Hopp). Il a une action dissolvante marquée. Il sert aussi à parfumer certains vernis. On peut se procurer de grandes quantités d'acétate d'amyle à des prix relativement bas.

Acétone ordinaire. — Produit de la distillation sèche du bois. De formule $CH^3 CO.CH^3$, c'est l'isomère de l'aldéhyde propionique. Liquide incolore, très fluide et très volatil. Odeur particulière, peu agréable.

Densité à 0 = 0.814 ; à 18° = 0.792.

Point d'ébullition = 56°,5.

Il se dissout en toutes proportions dans l'eau, l'éther et l'alcool.

Ether sulfurique. — L'éther sulfurique, ou éther ordinaire, est, au point de vue chimique, de l'oxyde d'éthyle.

$$\left.\begin{array}{c}C^2H^5\\C^2H^5\end{array}\right\rangle O$$

On l'obtient par ébullition d'un mélange d'alcool

et d'acide sulfurique, (5 parties d'alcool à 90o et 9 parties d'acide sulfurique concentré).

Liquide incolore, mobile, très volatil. Odeur caractéristique, plutôt agréable.

Densité à 0 = 0.736 ; à 12°,5 = 0.723.

Point d'ébullition 34°,9.

On peut le mélanger en toutes proportions à l'alcool éthylique et à l'alcool amylique.

Chloroforme. — C'est le dérivé trichloré du formène : $CHCl^3$. On le prépare industriellement par l'action du chlorure de chaux sur l'alcool éthylique. Liquide incolore, à odeur pénétrante, se solidifiant à 70°.

Densité à 0 = 1.5263.

Point d'ébullition = 61°2.

Il se mélange à l'alcool et à l'éther, mais n'est pas miscible à l'eau.

Benzine. — La benzine, ou benzol, C^6H^6, est le premier carbure de la série aromatique On l'extrait des goudrons de houille. Liquide mobile, incolore, très refringent, facilement solidifiable.

Densité à 0 = 0.899.

Point d'ébullition 80°,5

Elle est presque insoluble dans l'eau, mais assez soluble dans l'éther, l'alcool, le chloroforme, l'acétone, etc.

CHAPITRE II

FABRICATION DES VERNIS A L'ALCOOL

Cette fabrication est simple, puisqu'elle consiste uniquement à opérer une dissolution. Pourtant, il convient de remarquer qu'en raison des emplois très différents des vernis à l'alcool, il faut, dans chaque cas, étudier la nature du ou des dissolvants selon les conditions de siccité exigées et aussi selon la nature des gommes employées. On fera aussi un choix judicieux de ces dernières, choix en rapport avec les qualités de brillant et de souplesse qui sont demandées aux vernis dont on a en vue la fabrication. Plus un vernis devra être siccatif, plus on s'adressera à un dissolvant volatil : ainsi, la sandaraque est soluble dans l'alcool et dans l'éther ; mais elle fournit, avec ce dernier véhicule, un vernis bien plus siccatif qu'avec l'alcool. Comme la couche finale est uniquement composée de résine, il va sans dire qu'une résine cassante ne donnera qu'un vernis cassant et qu'une résine souple. mais peu brillante, donnera un vernis peu brillant mais souple. C'est pourquoi les formules de vernis à l'alcool contiennent très souvent plusieurs résines,dans le but de corriger des défauts de souplesse ou pour augmenter le brillant.

Enfin, de l'étude des solubilités dans les différents

dissolvants, on déduit la composition logique d'un mélange de dissolvants devant servir à la dissolution d'un mélange de résines. Pour une même résine, le vernis obtenu sera d'autant plus volatil que le dissolvant employé sera lui-même très volatil : c'est ainsi qu'avec l'acétone, par exemple, on obtient des vernis séchant en quelques minutes. Ces vernis très volatils doivent être fabriqués très légers et, d'une façon générale, les vernis à l'alcool sont très fluides comparativement aux vernis gras ou aux vernis à l'essence.

On a proposé, pour les vernis composés de différentes résines, de les fabriquer en mélangeant après coup les dissolutions séparées des diverses résines. Mais, dans le plus grand nombre des cas, on n'opère pas ainsi car la dissolution se faisant aussi facilement avec un mélange de résines convenablement choisies, on a ainsi l'avantage d'une fabrication plus simple.

Beaucoup de résines se dissolvent à froid dans l'alcool ou les autres dissolvants indiqués : la fabrication des vernis est, dans ce cas, des plus simples. On opère généralement dans des tonneaux en bois, mobiles autour d'un axe horizontal, de manière à activer la dissolution par une agitation continue. On ajoute souvent du camphre pour augmenter l'action dissolvante. Le verre pilé, indiqué dans beaucoup de formules, est ajouté dans le but de diviser la matière à dissoudre. Il est inutile dans les appareils perfectionnés, munis d'agitateurs mécaniques.

Quand on fait intervenir l'action de la chaleur on opère à feu nu, ce qui est assez dangereux, au bain

de sable ou au bain-marie. M. Naudin a indiqué un
appareil composé d'un récipient en cuivre ou en
fonte émaillée, à double fond, permettant le chauffage au bain-marie ou à la vapeur d'eau. Un agita-
teur mécanique se trouve à l'intérieur. 2 tubulures
à robinets, communiquant avec 2 serpentins, permettent de refluer ou de condenser les vapeurs qui
se dégagent pendant l'action de la chaleur.

Les vernis fabriqués à froid ou à chaud contiennent toujours des impuretés. La clarification par le
repos, dans des récipients convenablement fermés,
n'est pas toujours suffisante pour que l'on puisse obtenir par décantation un vernis tout à fait limpide. Il
faut faire précéder la clarification d'une filtration,
qu'il n'est pas toujours facile de réaliser. On a
proposé d'opérer cette filtration dans des entonnoirs
munis d'un tampon de coton cardé ; mais on obtient
de meilleurs résultats en employant des filtres en toile
serrée, contenus dans un treillis à larges mailles. On
ferme le plus possible l'entonnoir contenant le filtre
pour éviter les pertes par évaporation. On trouve
maintenant dans le commerce des grands filtres en
papier spécial qui donnent de bons résultats. Pour
avoir des vernis tout à fait blancs, on a préconisé la
filtration sur le noir animal.

CHAPITRE III

LES PRINCIPAUX VERNIS A L'ALCOOL

Le nombre des formules des vernis à l'alcool est on ne peut plus considérable. Nous en signalerons quelques unes en indiquant comment il est possible de les modifier.

Vernis à la gomme laque. — La dissolution de la gomme laque dans l'alcool donne un vernis trouble, par suite de l'insolubilité de la cire contenue dans la gomme laque. La gomme laque parfaitement blanchie donne également un vernis trouble, mais avec une proportion bien moindre d'insoluble. Aussi les vernis à la gomme laque blanche sont-ils, à concentration égale, plus faciles à filtrer que les vernis à la gomme laque blonde.

On pourra voir par la suite que la gomme laque entre dans la composition de nombreux vernis à l'alcool.

Les vernis à la gomme laque pure sont eux-mêmes très employés en ébénisterie sous le nom de *vernis au tampon.*

L'industrie livre ces vernis au tampon préparés soit à la gomme laque blonde, soit à la gomme-laque blanche. De plus, ils sont à différents degrés de concentration : c'est ainsi qu'il y a des vernis contenant 130, 150 ou 250 grammes de gomme laque par litre. On les désigne sous les noms de *vernis blonds* ou *blancs* à 13, 15 ou 25 0/0. Les vernis blancs sont très légèrement ambrés, quand on emploie la gomme laque tout à fait blanche.

Colorés par des dissolutions des nombreux colorants utilisables, ces vernis au tampon permettent d'obtenir les nuances noir, acajou, palissandre ou noyer. Voici, par exemple, quelques recettes :

ACAJOU CLAIR

Vernis	1	litre
Orangé II.	10	grammes
Jaune de Martius . .	5	»

ACAJOU FONCÉ

Vernis.	1	litre
Jaune de Martius . .	10	grammes
Grenat.	5	»

On peut également obtenir de belles nuances acajou en employant la chrysoïdine.

PALISSANDRE

Vernis.	1	litre
Grenat.	10	grammes

NOYER

Vernis.	1	litre
Brun J. EE	15	grammes
(Poirrier)		

Le vernis à l'alcool pour cannes, cravaches, etc. est généralement constitué par une dissolution de gomme laque, à raison de 350 grammes de gomme laque par litre d'alcool.

Le vernis dit *Knotting* ou *vernis pour nœuds*, employé
pour garnir les bois poreux, est une dissolution con-
centrée de gomme laque dans l'alcool méthylique. Il
contient environ 450 grammes de gomme laque par
litre. On le laisse simplement déposer et on le livre
trouble.

Fixatif. — On appelle fixatif un vernis à la
gomme laque et au sucre, très légèrement ambré,
servant à fixer les pastels, les fusains, les crayons etc.
et même parfois les gouaches.

Voici comment on prépare ce vernis, dont il y a un
grand débouché par petits flacons en contenant de 30
à 500 grammes. On fait dissoudre du sucre dans l'eau
et on ajoute de l'alcool dans les proportions suivantes :

       Sucre . . . .   100 grammes
       Eau   1   litre
       Alcool   10   »

On place dans une mousseline 800 grammes de
gomme laque blanche et on suspend le tout de manière à laisser toute la gomme laque à la partie supérieure du dissolvant. C'est un moyen très simple
d'éviter l'agitation : en effet. au fur et à mesure que
la gomme laque se dissout, la solution obtenue étant
plus dense que l'alcool gagne le fond du récipient et
c'est de l'alcool frais qui vient au contact de la
gomme laque. Au bout de quelques jours, la dissolution étant terminée, on filtre et on met en flacon. La
filtration se fait très facilement. car le fixatif est un
vernis très léger puisqu'il contient à peine 73 grammes de gomme laque par litre.

Vernis accrïdes.—Les dissolutions alcooliques

des gommes accroïdes rouge et jaune donnent des vernis dits *vernis accroïde jaune* et *vernis accroïde rouge*, vernis que l'on emploie dans la fabrication d'autres vernis à l'alcool. En les colorant, on obtient des vernis que le commerce livre ainsi. Voici les proportions généralement utilisées dans la fabrication de ces vernis.

> Accroïde. . . . .   4 kilos
> Alcool . . . . . 10 litres

Le vernis accroïde jaune est, en faible masse, d'un jaune franc ; mais, en masse épaisse, la coloration est extrêmement accentuée. Le vernis accroïde rouge est d'un très beau rouge vif.

Là filtration de ces vernis est facile ; on recueille sur le filtre un résidu très notable, car, ainsi que nous l'avons déjà dit, les gommes accroïdes contiennent beaucoup d'impuretés.

En colorant les vernis accroïdes avec 100 à 150 grammes de matières colorantes artificielles diverses, on obtient des vernis qui peuvent être employés sur métaux. Généralement on les parfume en ajoutant 1 pour 100 d'essence de lavande.

On peut encore employer simultanément des couleurs naturelles et des couleurs artificielles. En voici deux exemples :

VERNIS CUIVRE JAUNE

> Vernis accroïde jaune. 1 litre
> Aloès . . . . 50 grammes
> Jaune citron. . . . 10   »
> Teinture de curcuma. 50 cc.

VERNIS CUIVRE ROUGE

Vernis accroïde rouge.   1 litre
Jaune de naphtaline   .   10 grammes
Rocou.   10   »
Teinture de santal .   .   50 cc.

On comprend aisément combien il est facile d'obtenir quantité de nuances.

C'est encore en colorant les vernis accroïdes que l'on obtient un vernis à bon marché destiné à donner le mordoré des chaussures communes :

Vernis accroïde rouge   .   .   1 litre
Violet BBB.   .   .   .   .   .   100 gr.
Fuchsine   25   »

Même principe également pour la fabrication du vernis mordoré pour paniers :

Vernis accroïde rouge   .   .   1 litre
Fuchsine   .   .   .   .   .   .   150 gr.
Coraline.   25   »

Vernis pour sculptures.— On vend beaucoup de ces vernis qui se préparent en différentes qualités.

Dans un vernis à la gomme laque blanche ou blonde (vernis à 200 gr. par litre) on fait dissoudre pour 10 litres de vernis :

Manille fusible   .   .   .   .   3 kg.
Benjoin   .   .   .   .   .   .   0 kg. 500

puis on ajoute 1 litre d'alcool.

Nous avons vu que certaines variétés de manille sont assez peu solubles dans l'alcool, que d'autres, au contraire, se dissolvaient dans la proportion de 90 pour 100. Ajoutons que les sortes de manille friables qui sont pour ainsi dire totalement solubles dans l'alcool, ne sont employées que par les fabricants de vernis à l'alcool.

Le vernis pour sculptures dont nous venons de donner la formule est coloré, surtout quand on emploie la gomme laque blonde pour faire la première dissolution.

Voici une autre recette qui permet de préparer un vernis pour sculptures à peine coloré.

Gomme laque blanche . .	1 kg.
Sandaraque	2 »
Mastic	0 kg. 500
Térébenthine de Venise . .	1 »
Alcool	10 litres

Le vernis peut être préparé à froid et la filtration se faire aisément, car la teneur en gomme laque est assez faible et l'insoluble dû à la présence du mastic peu important.

On désigne parfois ce vernis sous le nom de *vernis copal supérieur.*

La térébenthine de Venise coûtant assez cher, on peut, dans le but de diminuer le prix de revient, la remplacer par une quantité égale de térébenthine française.

Vernis noirs. — Les vernis noirs à l'alcool s'emploient dans quantité d'industries utilisant le bois ou les métaux. Comme ils sont demandés pour des travaux soignés aussi bien que pour des travaux courants, on en fabrique de qualités essentiellement différentes. Ils sont toujours appelés *vernis noirs japonais* ou *vernis noirs brillants.*

Voici un exemple de fabrication de ces vernis :

Vernis noirs japonais

Vernis pour sculptures.   . 5 litres
  »   accroïde rouge . . 2   »
Noir d'aniline .   .   .   . 0 kg. 250
Bleu de Lyon. .   .   .   . 0 » 015

En préparant un vernis pour sculptures au pyro-copal on obtient, en l'utilisant dans la formule ci-dessus, un vernis noir de qualité supérieure.

On ajoute généralement à ces vernis 1 pour 100 d'essence de lavande.

Vernis pour relieurs. — On a donné pour ce genre de vernis quantité de formules. Nous réunissons sous forme de tableau les recettes que nous avons puisées dans différents ouvrages, recettes ramenées à 100 pour faciliter les comparaisons.

	1	2	3	4	5
Gomme laque .	14.50	6.50	13.50	6.30	8.30
Mastic . . .	6	2	»	»	1.10
Sandaraque .	6	13	»	13	1.10
Camphre . .	1	»	0.50	1.50	»
Benjoin. . .	»	»	»	»	13.70
Alcool . . .	72.50	78.50	86	79.20	75.80
	100.00	100.00	100.00	100.00	100.00

Comme on peut le voir, à part la formule n° 3, toutes indiquent des proportions très semblables entre le dissolvant et les résines ; mais la nature et les proportions de celles-ci varient essentiellement de l'une à l'autre des formules. Pourtant, on trouve partout l'emploi de la gomme laque.

On parfume au benjoin, ainsi que l'indique la formule 5, ou en ajoutant une petite quantité d'essence de lavande ou d'essence de romarin.

A côté de ces formules générales, différents auteurs ont donné des recettes particulières que nous citons ci-dessous :

	Freundenwoll	Wiegand	Held	Held
Gomme laque blonde.	11.50	13	9	»
» » blanche.	11.50	»	»	»
Camphre.	»	0.7	»	»
Sucre pulvérisé. . .	»	0.7	»	»
Sandaraque. . . .	»	»	18	6.6
Mastic	»	»	»	13
Térébenthine de Venise.	»	»	2	6.6
Alcool	77	85.6	71	73.8
	100	100	100	100

Les 2 premiers auteurs indiquent l'emploi d'une quantité double d'alcool avec réduction à 50 pour 100 du volume après filtration. Ceci, uniquement dans le but de faciliter la filtration; mais c'est un moyen coûteux.

Toutes ces dissolutions peuvent se faire aisément à froid. Pourtant, il ne faut pas oublier que le mastic ne peut pas entrer complètement en dissolution, car cette résine est incomplètement soluble dans l'alcool. L'insoluble viendra donc s'ajouter à la cire de la gomme laque.

Vernis pour métaux. — Les vernis à l'alcool pour métaux servent à préserver ceux-ci de l'action oxydante de l'air tout en les rendant brillants. De plus, ces vernis sont généralement colorés et permettent d'obtenir des effets de décoration. Leur principal débouché se trouve dans la fabrication des feuillages, des fruits et des fleurs artificiels. Ils peuvent également être employés sur la porcelaine, le verre, l'os, etc.

Voici quelques recettes :

	1	2	3	4
Laque en grains. . .	11.50	»	»	»
Pyrosuccin	7.60	»	»	13.50
Gomme gutte. . . .	7.60	»	»	»
Sang-dragon. . . .	0.18	»	»	»
Safran.	0.16	»	»	»
Sandaraque	»	11.20	15.9	16.60
Mastic.	»	6.50	14	3.40
Elemi	»	3.30	»	»
Térébenthine de Venise.	»	»	1	3.40
Camphre	»	1.50	»	»
Aloès	»	»	7	»
Alcool.	72.96	77.50	62.1	63.20
	100	100	100	100

On voit que ces vernis sont différemment colorés,
mais en employant uniquement des matières colorantes naturelles.

Pour le vernis dit *vernis d'or*, on a recommandé
la recette suivante :

Sandaraque	6.25
Mastic.	3
Gomme laque . . .	12.50
Térébenthine de Venise	2.50
Aloès	0.75
Gomme gutte . . .	3
Alcool	72
	100

La dissolution est foncée; en faible épaisseur elle
est d'un beau jaune d'or.

On rencontre quelques vernis pour métaux ayant
une composition autre que celles que nous avons
signalées plus haut :

	1	2	3
Gomme laque . . .	17.5	»	18
Accroïde jaune . . .	13.1	25	»
Manille.	»	8	9
Alcool . . , . . .	69.4	67	63
	100	100	100

On parfume avec 1 pour 100 d'essence d'aspic ou d'essence de lavande.

Signalons encore quelques vernis pour métaux d'un usage courant :

Vernis or jaune

Vernis accroïde jaune . . .	1 litre.
Rocou	50 grammes.
Sang dragon	10 »
Jaune d'or	5 »

Vernis or rouge

Vernis accroïde rouge . . .	1 litre.
Sang dragon	50 grammes.
Gomme gutte.	20 »
Jaune orange	5 »

Quand on veut obtenir des effets d'or mat. on met en suspension dans le vernis une matière colorante jaune insoluble et on emploie un vernis à la gomme laque :

Vernis or mat

Vernis gomme laque à 20 0/0 . .	1 litre.
Rocou	10 grammes.
Jaune de Naples	15 »

On peut remplacer le jaune de Naples par du

jaune de zinc qui a l'avantage de déposer moins vite.

Vernis au copal. — Les vernis à l'alcool au copal ne sont pas fabriqués avec les copals dont nous avons parlé à propos des vernis gras. Quelques variétés seulement, en grande partie solubles dans l'alcool, sont seules employées. Il ne suffit pas en effet de soumettre à la pyrogination les copals durs pour les rendre solubles dans l'alcool.

Prenons, par exemple, la formule suivante donnée par M. Naudin pour la fabrication d'un vernis pour cartonnages :

Pyrocopal	17.80
Mastic	8.90
Sandaraque	17.80
Térébentine de Venise	8.90
Alcool	46.60
	100

Remarquons d'abord que la proportion d'alcool est beaucoup trop faible. D'ailleurs, M. Naudin lui-même écrit quelques pages avant de donner cette formule : (1) « Lorsqu'on aura à composer un vernis à l'alcool on n'oubliera pas que ce liquide à 95° ne peut se charger de plus d'un tiers de résines, même en choisissant la plus soluble. »

La formule ci-dessus n'est pas dans ces conditions; aussi, à froid, constate-t-on un notable dépôt.

Même en ramenant l'alcool à une proportion normale on constate encore un dépôt considérable si on emploie un copal dur pyrogèné (dépôt dû à la partie insoluble de copal et de mastic). A chaud, la dissolu-

(1) Naudin. *Fabrication des Vernis*, page 153.

tion paraît presque complète, mais à froi l le dépôt est abondant.

Vernis à polir. — Les vernis à polir contiennent toujours de la gomme laque et de la sandaraque.

Voici l'ancienne formule donnée par Tingry :

<pre>
Laque en grains .   .   150 grammes
Sandaraque.   .   .   .   60   »
Elemi   45   »
Alcool   750   »
</pre>

Vernis communs. — Les vernis communs à l'alcool sont ceux dans lesquels partie ou totalité des résines est remplacée par de la colophane. Voici, par exemple, une formule de vernis pour jouets :

<pre>
Colophane .   .   .   .   .   1 k 900
Accroïde rouge .   .   .   0 900
Galipot 0 250
Alcool .   .   .   .   .   . 10 litres
</pre>

On colore ce vernis avec 1 à 2 pour 100 de matiè-res colorantes artificielles.

Nous pourrions continuer la liste des vernis à l'al-cool pendant de nombreuses pages encore ; mais nous pensons que cela serait sans intérêt pour le lec-teur qui peut composer maintenant autant de vernis à l'alcool qu'il le désirera.

Vernis à dissolvants mélangés

Nous savons quels sont les autres dissolvants qui peuvent être employés seuls ou mélangés à l'alcool. On en tire parti dans différents cas et l'on obtient ainsi des dissolutions complètes ou des vernis plus siccatifs.

Ainsi, l'adjonction d'éther permet d'obtenir un vernis au mastic sans résidu et très siccatif. Une dissolution dans l'éther seul donnerait un vernis trop siccatif. Voici, par exemple, la formule d'un vernis blanc au mastic et à la sandaraque (Held) :

Mastic . . .	240 gr.
Sandaraque . .	240 »
Ether. . . .	500 »
Alcool . . .	1.000 »

Quelquefois on trouve des recettes où l'alcool est complètement supprimé :

Vernis pour tableaux (Winckler)

Mastic en larmes . .	500 gr.
Chloroforme . . .	1.000 »

On comprend aisément le nombre considérable de formules que l'on peut créer en associant les différentes résines et les divers dissolvants. C'est ainsi que l'on peut trouver un brevet (1) recommandant comme dissolvant un mélange d'alcool amylique et de carbures d'hydrogène (en particulier la benzine), en faisant varier la proportion de ces derniers pour obtenir des siccativités différentes.

On a proposé un grand nombre de vernis au collodion, en employant comme dissolvant un mélange d'alcool et d'éther. C'est sur ce principe qu'une société dite « *Compagnie Générale de Chromolithie* » a pris un brevet (2). On prépare d'abord au laminoir le mélange suivant :

(1) Lamb et Boyde, Brevet n° 204652. Année 1899. *Vernis et laques par dissolution de résine dans un dissolvant contenant de l'huile de pommes de terre.*

(2) Brevet 151,613, année 1882.

Papier nitro-sulfuré. .   102 k.

Camphre dissous dans

l'alcool. . . . .   36 »

Cette matière première est mise en solution dans le mélange suivant :

Ether acétique . . . 2^k

— sulfurique . .   0 250

Huile de ricin . . .   0 100

Térébenthine de Venise.   0 200

Alcool . . . . . .   7 litres 1/2

Acétate d'amyle. . . 0^k010

Acide acétique cristal-

lisable 0 200

Pour rendre ce vernis applicable à froid il faut y ajouter par litre (1) :

Acide acétique cristalli-

sable . . . . . . 0^k400

Acétate d'amyle . . .   0 300

M. Livache indique une dissolution de collodion dans l'éther acétylacétique (dissolution à 5 0/0) comme base des *bronzes liquides non oxydables.*

M. Wienderhold (2) et M. Boettger (3) ont indiqué l'emploi de l'acétone, pour dissoudre, d'une façon incomplète d'ailleurs, certaines variétés de copal. La dissolution surnageant au-dessus de l'insoluble est assez riche en gomme pour constituer un vernis séchant très rapidement.

Dans le même ordre d'idées, et en employant les mêmes dissolvants, on a donné certaines formules

(1) Certificat d'addition, année 1883.
(2) *Bulletin de la Société Chimique*, 1864. II 476.
(3) *Bulletin de la Société Chimique*, 1867, VIII, 459.

pour la fabrication de vernis au celluloïd. Ainsi, d'après M. Livache, le vernis cristal des photographes serait une dissolution de celluloïd dans un mélange d'acétate d'amyle et d'acétone.

Les vernis au collodion ou au celluloïd se colorent comme les vernis à l'alcool pur.

Analyse et essais des vernis à l'alcool

Nous avons peu de choses à dire sur l'analyse et l'essai des vernis à l'alcool. On déterminera très aisément la proportion entre les résines et le dissolvant par une simple distillation.

Dans le cas d'un vernis mixte, la distillation fractionnée permettra de reconnaître la nature et les proportions des différents dissolvants.

Les essais se font simplement, selon l'application en vue. Il n'y a pas ici à tenir compte de l'action du temps. On voit immédiatement si le vernis répond à l'usage pour lequel il a été fabriqué.

CHAPITRE IV

VERNIS MIXTES

Nous appelons vernis mixtes des vernis dans la composition desquels entre à la fois des dissolvants complètement volatils et partiellement volatils. On peut les envisager comme des mélanges de vernis appartenant aux trois classes bien définies que nous avons étudiées.

Voici, par exemple, une formule de vernis pour relieurs donnée par Freundenwoll, qui permet d'obtenir un vernis mixte :

Copal fondu (?) . . .	500	gr.
Essence de térébenthine.	300	»
Essence de lavande . .	60	»
Alcool absolu	60	»

Sans discuter sur les proportions, nous voyons de suite que, par les dissolvants employés, ce vernis appartient à la seconde et à la troisième classe.

Parmi les vernis mixtes, il convient de citer celui dit *vernis blanc conservateur des métaux*, recommandé pour la préservation des métaux, tout en ne changeant pas leurs nuances.

On prépare d'abord un vernis gomme laque connant :

Gomme laque blanche .   .   3 kg. 250
Alcool .   .   .   .   10 litres
On filtre et l'on ajoute :
Essence de lavande .   .   .   0 lit. 500
Teinture de mastic .   .   .   0 » 500
On prépare la teinture de mastic en employant :
Mastic en larmes.   .   .   .   1 kg.
Alcool .   .   .   .   4 »
Ether .   .   .   .   1 »
Le vernis ainsi obtenu est tout à fait blanc.

Pour les capsules de bouteilles, on fait aussi usage d'un vernis mixte, différant peu du précédent :

Gomme laque.   .   .   .   3 kg.
Alcool .   .   .   .   .   .   8 litres
Essence de lavande .   .   2   »

Vernis plus ou moins coloré selon la nature de la gomme laque employée.

Andès a indiqué un procédé de fabrication d'un vernis mixte en employant :

Copal Siera Léone   .   .   2 kg.
Alcool   1   »
Essence de térébenthine.   1 500

Car, dit-il, la partie de Siera Léone insoluble dans l'alcool est soluble dans l'essence de térébenthine.

Pour certains copals d'Afrique, on a recommandé le mélange suivant :

Alcool.   .   .   .   .   .   .   60 parties
Ether sulfurique .   .   .   10   »
Essence de térébenthine .   40   »

Nous n'insisterons pas davantage sur les combinaisons possibles pour la fabrication de ces vernis mixtes. Signalons seulement, pour terminer, un autre mélange de dissolvants qui permettra d'obtenir un vernis mixte :

Alcool méthylique . . . 1 partie
Acétate d'amyle . . . . 1 »
Essence de térébenthine . 1 »

Enfin, quand on a composé un vernis appartenant à la fois à la seconde et à la troisième classe des vernis, on y ajoute parfois, pour lui donner de la souplesse, une petite quantité d'huile de lin ou d'huile de ricin ; c'est alors un type complet de vernis mixte.

Vernis pour luthiers. — Les vernis employés par les luthiers constituent, *en fabrication*, des vernis mixtes ; mais, au moment de l'emploi, ce sont des vernis gras pour lesquels on recommande de n'employer que de l'huile de lin non cuite.

Cette dernière recommandation n'est généralement pas observée ; on peut parfaitement employer une huile de lin cuite, à condition que la cuisson ait été bien soignée, de façon à laisser à l'huile toutes ses qualités de souplesse.

M. Mailand (1), qui a publié une brochure sur ce genre de vernis, a fait ressortir l'importance du vernis dans les instruments à cordes ; nous avons signalé cette importance au commencement de ce volume. La remarque de M. Mailand sur la nécessité de faire disparaître l'alcool qui sert de véhicule aux matières colorantes a conservé toute son importance.

____

(1) Découverte des anciens vernis employés pour les instruments à cordes et à archets, 1859.

Aujourd'hui encore, beaucoup de luthiers préparent eux-mêmes leurs vernis et chassent l'alcool par distillation une fois le vernis terminé. C'est pourquoi le vernis devient un vernis gras, mais un vernis gras particulier, car il contient des résines que n'emploie généralement pas le fabricant de vernis gras. Ce sont ces particularités qui nous ont conduit à placer ici les vernis pour luthiers.

Chaque luthier a sa recette, mais tous prennent comme bases les formules fournies par Mailand :

Mastic de choix.	.	.	9.09	à	15.15
Dammar	.	. . .	4.54	à	7.60
Huile de lin crue.	.	.	4.54	à	9.10
Essence grasse	.	. .	81.83	à	68.15

En pratique, on emploie seulement une partie d'essence grasse et on complète avec de l'essence de térébenthine ordinaire.

Les luthiers font usage de 2 vernis, un destiné à la mise en couleur des instruments : C'est un vernis contenant le plus d'huile possible de façon à l'avoir bien souple ; il importe peu qu'il ne soit pas siccatif. Comme nous l'avons dit plus haut, mixte pendant la fabrication, il devient un simple vernis gras quand il est terminé, du moins dans le plus grand nombre des cas. En effet, il est coloré au moyen de dissolutions alcooliques des matières colorantes dont nous avons parlé, mais on chasse l'alcool par distillation.

Le vernis final, uniquement employé pour donner le brillant, doit être moins chargé en huile pour permettre à la surface de durcir plus à fond.

Néanmoins, il faut toujours chercher à obtenir le maximum de souplesse.

Les luthiers qui fabriquent eux-mêmes leurs vernis emploient le mastic, la sandaraque et le dammar, en raison de la facilité avec laquelle on les fait entrer en solution. Nous sommes persuadé que certains copals demi-durs permettraient d'obtenir des résultats bien supérieurs.

APPENDICE

VERNIS AU. CAOUTCHOUC

La dissolution du caoutchouc ou de la gutta-percha permet également d'obtenir des vernis spéciaux.
On a préconisé une quantité de dissolvants qui tous
donnent des dissolutions épaisses, bien que peu chargées en gomme. Généralement, les vernis au caoutchouc sont ajoutés à d'autres vernis pour les rendre
très flexibles.

Bolley a prétendu que le meilleur dissolvant du
caoutchouc est la benzine ; nous préférons le toluène
et M. Naudin recommande l'emploi de l'essence de
térébenthine en autoclave à 150°. Voici les proportions qu'il indique :

N° 1. Caoutchouc	33
Essence de térébenthine .	67
N° 2. Gutta-percha	9
Sulfure de carbone . . .	91

Pour la gutta-percha M. Livache donne les proportions ci-dessous.

Gutta-percha	10
Benzine	50
Sulfure de carbone . . .	40
Essence d'eucalyptus . .	20

La dissolution terminée et décantée est très épaisse ; il faut l'étendre de benzine pour l'emploi.

Ces dissolutions ne constituent pas à proprement parler des vernis, elles manquent de brillant et sèchent trop lentement. Mais elles permettent d'obtenir des vernis mixtes très souples. Voici, comme exemple, la formule donnée par Marmin (1) pour un vernis pour cravache.

Pyrocopal.	**28**
Huile de lin cuite. . . .	**14**
Essence de térébenthine .	**58**
	100

A 1 partie de ce vernis on ajoute 3 parties 1/2 d'une dissolution de caoutchouc dans le toluène, par exemple, ou dans un des mélanges indiqués plus haut.

VERNIS A L'EAU

La gomme laque se prête particulièrement à la fabrication de ce genre de vernis. On fait entrer la gomme laque en dissolution dans l'eau à l'aide du borax ou du sel ammoniac. On prépare une solution bouillante de borax et on y ajoute peu à peu la gomme laque :

Borax	1 kg.
Gomme laque . . .	3 »
Eau.	20 litres

On filtre à chaud.

(1) Brevet n° 12395, année 1841

On peut encore employer les proportions suivantes :

Borax. . . . . . . **1** kg.
Carbonate de soude . . **0 250**
Gomme laque . . . . **4** »
Eau . . . . **20** litres

Enfin, en faisant usage de sel ammoniac, voici les proportions qu'indique M. Livache :

Sel ammoniac . . . **1** kg.
Gomme laque . . . **3** »
Eau . . . . . . **6 à 8** litres

On peut classer dans ce genre de vernis la solution qui a été recommandée pour rendre imperméables les tonneaux à alcool (1) et qui renferme :

Déchets de cuirs . **500** gr.
Acide oxalique . . **30** »
Eau . . . . . **2** litres 1/2

On fait dissoudre les déchets de cuir dans la moitié de l'eau contenant l'acide oxalique. On opère au bain marie et on n'ajoute l'autre moitié d'eau chaude qu'à la fin de l'opération.

Les fabricants de vernis gras offrent couramment d'ailleurs des vernis destinés à l'intérieur et à l'extérieur des tonneaux à bière et à alcool.

(1) *Bulletin de la Société chimique,* 1885. IV, page 74.

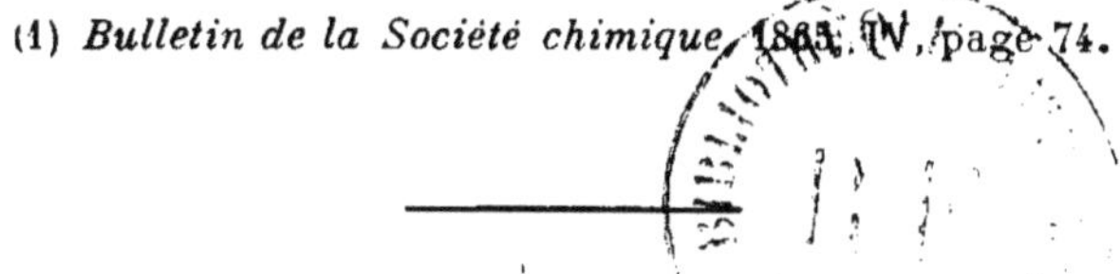

TABLE DES MATIÈRES

PREMIÈRE PARTIE

INDUSTRIE DES VERNIS GRAS

CHAPITRE PREMIER

CHAPITRE II

CHAPITRE III

CHAPITRE IV

CHAPITRE III

TROISIÈME PARTIE

INDUSTRIE DES VERNIS A L'ALCOOL

CHAPITRE PREMIER

CHAPITRE II

CHAPITRE III

CHAPITRE IV

APPENDICE

INDEX ALPHABÉTIQUE

19

LAVAL. — IMPRIMERIE PARISIENNE L. BARNÉOUD & Cⁱᵉ.

www.ingramcontent.com/pod-product-compliance
Lightning Source LLC
La Vergne TN
LVHW011934180726
843502LV00003B/798